実務が必ずうまくいく

生徒指導主事の仕事術
55の心得

吉田　順　著
Yoshida　Jun

明治図書

はじめに

　教師には最低２つの力がないと子どもを育てることはできません。

　１つは「学習指導の力」です。もう１つは「生徒指導の力」です。「学習指導の力」というのは，教材研究や指導技術が土台ですが，これはやる気さえあればやれます。教材研究や指導技術は，先人の教師たちが残した成果を書物からも学ぶことができます。

　ところが，「生徒指導の力」は書物ではなかなか養うことができません。

　みなさんは，これまでに「生徒指導の理論と方法」「生徒指導の理論と実践」「生徒指導とカウンセリング」などという書名の本を読んだことがあるのではないでしょうか。

　その結果，それはそれで役立っても，今の自分の悩みの解決にはほど遠かったというのが率直な感想ではなかったでしょうか。１軒の建物を造るのと似ていて，どんなに立派な設計図や建築理論があっても，実際に造るのは大工さんですから，大工としての腕を磨かなければいけません。教師はいわば大工さんのようなものです。

　本書は既存の生徒指導の本とはおよそ違います。

　例えば，「荒れた学校」には必ず「荒れた生徒」がいます。荒れた学校を良くするには，荒れた生徒を改心させることだと考えて，莫大な手間暇をかけます。しかし，そう簡単にはうまくいきません。むしろ，「荒れていない生徒」に手間暇をかけるほうが近道なのです。このような「考え方」こそが生徒指導の現場には必要であり，これが大工さんの「考え方」です。大工としての腕を磨くという意味は，このような「考え方」を身につけることです。

また，生徒指導では必ず生徒と対立する場面があります。このような時には誰もが迷います。嫌われて人間関係が壊れてもいいから叱るべきか，それとも人間関係が壊れないことを優先すべきか，そもそもこの対立は意味がないのではないか，などと迷ったことがあるでしょう。この判断も「考え方」がないとできません。

　一方で生徒指導の「実践書」も多数あります。これも参考にはなりますが，「学校も生徒の様子も違うな」と感じたり，「真似してみたがうまくいかない」ということもあったはずです。「考え方」が伝わらない実践は，他人は応用できないという難点があります。

　このようなことは私自身が中学校に勤めていた頃に感じていたことです。私は教師生活の多くを「荒れた学校」に勤め，担任32年，学年主任13年，生徒指導部に30年近く所属し，指導部長も兼任しながら50歳前後からは全国の「荒れた学校」と関わってきました。
　その結果，理論を唱えるのではなく，ただ実践を並べるのでもなく，理論と実践を結ぶ生徒指導の「考え方」というものに着目してきました。この「考え方」を磨くことが生徒指導の力を磨くことになります。

　本書はその「考え方」を中心に書きました。

2018年1月

吉田　順

Contents

はじめに

第1章 生徒指導主事のスタート！
～最初におさえたい実務の「考え方」～

1　スタートの心構え――10
2　生徒指導主事は何をするのか――12
3　4月初旬までにすること――14
4　現状を振り返る――16
5　振り返るにはこうする――18
6　指導結果の確認と修正――20
7　どんな指導や助言をするか――22
8　情報収集のシステムをつくる――24
9　情報を共有する――26
10　情報の記録と保管――28
11　信頼される生徒指導主事になる――30

コラム 褒める指導がいいのか，厳しく叱る指導がいいのか――32

第2章 生徒指導の基礎の基礎
～生徒指導主事として身につけるべき「考え方」～

12　なぜ指導が入らないのか――34
13　トラブルを恐れない――36
14　荒れた生徒ばかり追い回さない――38
15　本当の「校則指導」とは？――40
16　人には「基本的欲求」がある――42
17　生徒指導は「わけ」に取り組む――44
18　「わけ」は解決できない――46

19 欲求を満たす教育活動——*48*

20 「毅然とした指導」とは？——*50*

21 「壁」をつくる——*52*

22 カウンセリングは万能ではない——*54*

23 保護者と共同するコツ——*56*

24 「不公平感」を抱かせない——*58*

25 1人で抱え込まない体制——*60*

26 「事実調べ」の基本——*62*

コラム 生徒の座席に鈍感な教師ではいけない——*64*

第3章 指導方針と目標をつくる
～リーダーシップを発揮するための「考え方」～

27 全体の情報を集めて分析する——*66*

28 目標は具体的に設定する——*68*

29 「一致した指導」と教師の個性——*70*

30 100％正しい方針はない——*72*

31 「外科的治療」と「内科的治療」——*74*

32 合意を形成する——*76*

33 「PDCA」はA→Pが問題——*78*

34 「根っこ」を見つける——*80*

35 指導のレベルには違いがある——*82*

36 問題行動へのおもしろ対応——*84*

コラム 意外な事実！——*86*

もくじ 5

第4章　問題行動の指導と対応
～あらゆるケースに応用できる「考え方」～

37 「いじめ」指導の「考え方」———*88*

38 「いじめ」指導のポイント———*90*

39 暴力など重大な問題行動の指導と対応———*92*

40 その他の問題行動の指導と対応———*94*

41 不登校の指導と対応———*96*

42 問題行動の指導と生徒指導主事の役割———*98*

コラム 最後は「自立」！———*100*

第5章　学校内外との連携
～チーム力を高めるための「考え方」～

43 管理職との連携———*102*

44 担任との連携———*104*

45 学年主任，生徒指導係との連携———*106*

46 養護教諭，SC，SSWとの連携———*108*

47 PTA，地域との連携———*110*

48 警察や関係機関との連携———*112*

コラム やってはいけない「叱り方」———*114*

第6章 ちょっとした仕事術でワンランクアップ！
～生徒指導主事を賢くやり抜く～

49 生徒の対応は最優先する———*116*

50 担当教科との両立のために———*118*

51 荒れた生徒の後ろにいる保護者を知る———*120*

52 教師に激しい思春期はあったか？———*122*

53 多様な視点から見る———*124*

54 私の1日の時間の使い方———*126*

55 書物からも学ぶ———*128*

おわりに

第1章
生徒指導主事のスタート！
～最初におさえたい実務の「考え方」～

　生徒指導主事の仕事は実に多岐にわたり，精神的にも負担の多い仕事です。しかし，現実には普通の教師がなります。それでいいのです。

　何か1つだけ，ふさわしい能力があって請われたのですから，最初はそれでいいのです。その能力をまず活かしましょう。

　第1章は，「これは必ず」という仕事を述べます。

Chapter 1

第1章
生徒指導主事の
スタート！

1 スタートの心構え

CHECK 生徒指導主事は，問題行動の対応の最前線に立ち，何かと心労が多く，強面教師や体育会系教師に最適というイメージがつきまとう。まずこのイメージをやぶり，気を楽にしてスタートする。

☑ 生徒指導って，何を指導するのか？

やはり最初は「生徒指導」という言葉の意味を確認しておきましょう。

生徒指導というと，「問題のある生徒を指導すること」または「問題のある生徒が出ないように指導すること」というイメージが強いのではないでしょうか。

これでは問題行動の対応に追われ続けるか，1年後には「こんなはずではなかった」と嘆くことになりかねません。

文科省の「生徒指導提要」には，

「一人一人の児童生徒の人格を尊重し，個性の伸張を図りながら，社会的資質や行動力を高めることを目指して行われる教育活動」

とあります。

何だか，わかったようなわからないような言葉に戸惑いますが，やがては自らの力で生きていかなければいけない社会で，自分の資質や能力を発揮できる大人に育つことを援助する仕事だと思えばいいのです。私なら，少し乱暴ですが，「それは自立ってことだ」と理解します。すると少し気が楽に。

☑ 学習指導と生徒指導は，学校教育の車の両輪

でも，「何か生徒指導って，学校全体の教育目標と似ているのでは？」と

いう疑問が出てしまいます。そうなんです。もともと，学校教育は学習指導と生徒指導によって実現しますから，この２つは車の両輪のようなもので指導目標もかなり重なっています。ですから，教師には学習指導の力と生徒指導の力の両方が必要なのです。

生徒指導は社会の中で自立して生きていく大人になる援助をし，学習指導は自立していくための知的な部分を役割とするわけです。もちろん，きれいに分けられず一体化して指導していくものです。

今度は気が重くなります。このような壮大な目標を背負った生徒指導主事が務まるのだろうかと。心配ありません。

☑ １人でやるのではなく，みんなの知恵や能力を集める

生徒指導主事は他の役職とは少し違って，１人でやるのではなく，むしろ教職員全員の知恵や能力を引き出して活用する，その中心になるのです。ですから，自分ができなければそれが得意な先生にやってもらえばいいのです。その計画や援助をするのは主事の仕事ですが，生徒指導のすべてに秀でている必要はないのです。

生徒指導の経験が少なくて主事になった先生ならば，ベテランの教師や生徒指導のうまい先生たちと学校の現状を相談して知恵を借ります。次に作戦（計画）を立てます。そして，その計画を実践するのにふさわしい能力のある先生にやってもらいます。もちろん，全教職員の合意が事前に必要です。

この相談，計画，実践のためには，まとめ役がいないといけません。その役が生徒指導主事だと思ってください。そのために必要な「手順」や「考え方」を本書が提供します。

生徒指導は全ての教師が担うもの。
生徒指導がオールマイティーな人は１人もいない。
全教職員の知恵や能力を結集するのが，生徒指導主事の重要な役割。

第1章
生徒指導主事の
スタート！

2 生徒指導主事は何をするのか

CHECK 生徒指導主事は法的に定められた身分で、その役割や業務内容まで定められている。生徒指導部内の責任者というだけでなく、学校全体の生徒指導を担う責任者である。

☑「生徒指導主事」は法的に定められた身分

　中学校の生徒指導主事は「学校教育法施行規則」の第70条第1項で定められており、第4項ではその役割も次のように規定されています。
　「生徒指導主事は、校長の監督を受け、生徒指導に関する事項をつかさどり、当該事項について連絡調整及び指導、助言に当たる」
　文面どおりだと、「生徒指導に関する事項」をつかさどり、「連絡調整、指導、助言」に当たるというのですから、生徒指導に関わることは全てということになり、わかったようでわからない言い回しです。
　一般的には次のように考えられます。
　❶生徒指導を組織的・計画的に運営していく責任者である。
　❷❶を実現するためには、分担している校務間の連絡調整に当たる。
　❸生徒指導に関係する教職員に対して指導、助言する。
　❹必要なら生徒・家庭・関係機関に直接働きかけ問題解決に当たる。
　簡単に言うと、校長の監督のもとに、組織的・計画的な生徒指導を行うために、教職員間の連絡調整と教職員への指導・助言をし、さらに生徒を直接指導して問題解決に当たることもある、ということになります。
　これだけの役割をもつ生徒指導主事は、授業時間数などが軽減されるべきです。法的には時間数までは定められていないため、生徒指導主事は担任も

外れて授業時間数も軽減される自治体から，かなりの授業をやりながら担任も務めなければならない自治体までいろいろです。

☑ 生徒指導部の仕事には，どんなものがあるのか？

だんだんと具体的になってきます。今度は生徒指導主事を長とする生徒指導部の仕事を列挙しておきます。部内では係別に分けるのが普通です。

- 前年度の生徒指導の振り返り，新年度の具体的目標と方針の設定
- 生徒指導についての全体計画，年間計画の立案・実施
- 指導方針の作成，見直し，合意の形成
- 全教職員の研修の立案・実施
- 生徒指導に関する情報の収集と共有，記録，保管
- 学校内外の生徒の生活規律に関する方針の見直し，合意の形成
- 相談体制の充実に関すること
- 学級担任などに対する指導，助言，援助
- 生徒の起こした問題行動への直接的指導
- 学校内外の安全に関する計画，指導
- 保護者，地域，関係機関との連携に関すること，など。

これらは重要な順番にしているわけではありません。実にたくさんあり，しかも毎日朝から放課後まで，全生徒に関わる内容ばかりですから，大変な激務と言わざるを得ません。できるだけ分担していいのですが，最も重要と思われる情報の収集と共有，方針の作成と見直し，合意の形成，他の教師への指導などは生徒指導主事がリーダーシップを大いに発揮しなければいけない仕事です。

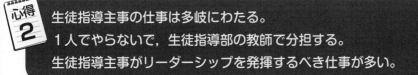

生徒指導主事の仕事は多岐にわたる。
1人でやらないで，生徒指導部の教師で分担する。
生徒指導主事がリーダーシップを発揮するべき仕事が多い。

第1章 生徒指導主事のスタート！ 13

第1章
生徒指導主事の
スタート！

3 4月初旬までにすること

 多岐にわたる生徒指導主事の仕事の中で，年度当初に必ず準備しておかなければいけないことが3つある。一致して取り組むための生徒指導体制の第一歩である。

☑ 新年度スタートの最低限の準備とは

　最初の準備は，新しい学級編成が決定されると同時に，生徒指導主事は**「（何らかの）配慮を必要とする生徒」**に関する情報をまず整理し，全教職員に周知徹底するためのプリントを作成することです。

　・転入生に関する情報
　・不登校生徒の状況と接し方
　・障がいのある子の状況と接し方
　・問題のある子の状況と対応

　この「配慮を必要とする生徒」は，当該学年の教師が知っているだけではいけませんから，年度当初に全教職員に周知徹底する機会をもちます。

　次にどの学校でも，新年度の学校生活がスタートすると同時に，**「学校生活の決まり（約束，規則）」**が改めて問題になります。なぜなら，昨年はきちんと守られなかったから，今年は徹底しようという積極的意見から，決まり自体が曖昧でよくわからない，指導しても従わない生徒にはどう対応すればいいのか，という意見まで意外とばらばらなことが多いからです。

　そこでなるべく早い時期に「学校生活の決まり」について合意する機会が必要となります。生徒指導主事はその準備をしておかなければいけません。

　転勤してくる先生もいますから，前年度までの自校の決まりと，その具体

的な指導方針と対応を確認のためにプリントで配布します。

3つ目の準備は，**「生徒指導の年間計画」**です。全く新しく作成するのではなく，前年度の学校評価に基づいて修正，追加をすればいいのですが，「計画」ですから，いつでも変更する柔軟性を忘れないことが大切です。

☑「学校生活の決まり」と指導方針，対応の確認

特に，新年度が始まると同時に「配慮を必要とする生徒」の情報が必要となり，「学校生活の決まり」の指導も始まります。

したがって，この2つはどの会合よりも優先してもつ必要があります。

特に「学校生活の決まり」と指導方針，対応の確認は，時間がかかってもしっかりと合意できなければ，決まりを指導する時には混乱します。

例えば，どの中学校でも指導に時間を要す「異装」（学校指定以外の服を着て登校）の問題ならば，少なくとも次のような確認が必要になります。

- どういう服が異装となるのか
- すぐ直させるのか，帰宅して直させてくるのか
- 担任だけで指導するのか，すぐに係に連絡するのか
- 直すこと自体に従わない場合はどうするのか
- 直さないままで，教室に入れるのか入れないのか
- 保護者への連絡はどの時点でするのか，しないのか

など多くの疑問が出るのが普通です。根本的な疑問は学校評価の時に議論します。生徒指導主事は，このように1つ1つの「決まり」について全教職員から合意を得られるようにします。全員が完全に一致する合意というのは難しいですが，一致して取り組む生徒指導体制をつくる第一歩です。

スタートの準備として最低限必要なのは，「配慮を必要とする生徒」の情報，「学校生活の決まり」「生徒指導の年間計画」の3つ。
特に，「学校生活の決まり」は全教職員の合意形成がポイント。

第1章
生徒指導主事の
スタート！

4 現状を振り返る

CHECK 生徒指導は一本調子に順調にいくものではない。人間を創るのであって，何か製品を作るのではないから，マニュアルがない。そこでどうしても振り返って途中で軌道修正することが必要になる。

☑ 生徒指導主事にしかできない現状の"振り返り"

　生徒指導というのは，1年間の中では順調にいくことのほうが少ないのです。生徒は刻々と変化します。4月は順調にスタートしたと思っていたら数ヶ月後には予想もしないことが起こり，見る間に荒れていくことがあります。

　そうなると，「あの学年は生徒に甘く，毅然としていない。だから，崩れてきたのだ。それを見ている下級生も同じことをするようになった」などという学年間の批判が出始めます。あるいは「あの先生のクラスがだらしがないため，規律が徹底しない」などという教師批判もくすぶります。

　やがて，「生徒指導部が放置しているからだ」と批判の矛先は生徒指導部にも向けられます。

　このような教師間の不一致を放置しておくと，確実に荒れは加速化していきます。この不一致がいつのまにか自然に解消されることは，まずありません。その年は何とか乗り切ったとしても，また同じことが起きます。

　もともと生徒指導というのは，人間を対象にした行為であり，去年うまくいったことが今年もうまくいくという保証はありません。家庭状況も変わる，子どもの人間関係も変わる，子どもも成長し変化する，教える教師も毎年同じではありません。つまり，こうすれば必ず誰でもできるというマニュアルがないのが生徒指導の世界です。

16

このような事態を打開するのには,「現状を振り返る」ことです。しかし,生徒指導主事が1人でやるわけではありません。全教職員で現在の生徒指導を振り返る中で,当面の目標や対応の方針を確認し,場合によってはそれらを修正します。そのための話し合いは通常,最低で2～3時間はかかりますから,事前に管理職とも相談し,話し合いの会合を設定します。

☑ 全教職員の知恵を出し合う

　漠然と振り返っては批判の応酬が起こり,前向きな議論はできません。かと言って,批判し合うことを恐れて表面的な議論に終始し,終わってみたら明日から何をすればいいのかわからない,というのではいけません。

　生徒指導主事は,「今日は心配していることや,おかしいと思っていることを本音で議論したいと思います。そして困っている人にみんなで知恵を出し,具体的にできる援助をしよう。そのための会議です。それでもうまくいかなかったら,何度でも良い知恵を出し合ってはどうでしょうか」と話し合いの趣旨を話します。

　批判を受ける学年の教師や特定の教師にとっては辛いものですが,非公式の場や陰で批判されるよりも,公の場で批判を受けて知恵を借りたほうが,今後の教師生活には間違いなくプラスの財産となります。

　このような振り返りは,「学校評価」として年度末に行うことが通常ですが,時期にとらわれる必要はありません。生徒指導主事が躊躇していては,適切な時期を逸することになります。

　この"振り返り"の具体的な進め方は次ページで述べます。

"振り返り"の話し合いは,適切な時期を見計らう。
生徒指導主事が提起しなければ始まらない。
批判し合うのではなく,知恵を出し合う。

第1章　生徒指導主事のスタート！

第1章 生徒指導主事のスタート！

5 振り返るにはこうする

 生産的な振り返りをするには、3つの観点で振り返るとやりやすい。方針や対応については、年度の途中でも確認したり修正したりしなければいけない。

☑ 3つの観点から振り返る

　前ページで述べたような臨時的な振り返りであろうと、年度末の定期的な振り返り（学校評価）であろうと、漠然と振り返っても生産的な話し合いはできません。それは生徒指導そのものに3種類の側面があるからです。この3つは、そのまま学校の現状を振り返る時の3つの観点にもなります。

❶起きた問題行動に対応する生徒指導（治療的な生徒指導）
❷大きな問題にならないうちに対応する生徒指導（予防的な生徒指導）
❸自己指導能力を育てる生徒指導（開発的な生徒指導）

　簡単に言うと、❶は起きてしまった問題にはきちんと対応して、二度と起こさないようにするための指導、❷は小さな問題のうちに見つけて対応し、深刻な問題にならないようにするための指導、❸は集団の中で存在が認められ、自分の特性を活かしながら、自立した生徒を育てる指導です。

　❸がうまくいくと、そもそも❶❷は起きにくくなります。❸は全生徒を、❷は一部の生徒を、❶はさらに特定の生徒を対象にしていることになります。

　さて、生徒指導にはこのような3つの観点があるにもかかわらず、❶の治療的な生徒指導を話し合うべき時に、❷や❸の生徒指導の観点で批判をしても議論はかみ合いません。同様に、❷や❸の時に❶を持ち込まないことです。

　また、この3つの観点をもらさず振り返ることです。

❸こそが根本的な「対策」であり、❶❷はあくまで対症療法に過ぎないからです。言うまでもなく、❸の生徒指導の場面は学級経営、係活動、行事、委員会活動、部活動などです。

☑ 方針や対応を修正し再確認する

以上の3つの観点で、緊急の問題を話し合ってみてください。

例えば、「3年生の一部の生徒が授業を抜け出し、校内を徘徊する。下級生は落ち着かないし、最近は真似をしようとする者までいる。3年の先生たちはなぜ厳しく指導しないのか」という批判があるとします。

1つの学校に3つの学校があってはいけませんから、各学年に任せるというわけにはいきません。学校全体で合意をつくらなければいけません。

❶の観点なら、中心になっている生徒は難しくても、追随している生徒をまず徘徊させない、学級で役割を与え居場所をつくり認めてやる機会をつくる、勉強がわからないのだから補習の体制をつくる、保護者からも厳しく指導してもらう、まず部活動で面倒もみる、などの知恵を出してもらいます。

❷の観点なら、もうこれ以上増えないように、危ない生徒の学習面を保護者と相談して学習指導を強化する、初めて抜け出した時には必ず保護者を含めてじっくりと話し合う、まともな生徒に頼んで危ない生徒と一緒に行事や活動をやる、などです。

❸の観点は長期的なものなので、根本的に特に普段の学級経営を見直す視点を出すことです。みんなが活躍できる行事になっているか、学級でお互いに認め合える機会をつくっているか、などです。

このように3つの観点から振り返って、全教職員の知恵を出し合います。

生徒指導主事は、現状を振り返る習慣をもつ。
振り返るには3つの観点でやるともれがない。
3つとは「治療的」「予防的」「開発的」。

第1章
生徒指導主事の
スタート！

6 指導結果の確認と修正

CHECK 指導の結果を確認するのも生徒指導主事の役割である。この手抜きをしてしまうと，せっかく決めた方針や対応がうまくいっていないのに，修正する機会を失う。

☑ 指導がうまくいっているかどうかを確認する

　マニュアル通りにはいかないのが生徒指導の世界ですから，現状を振り返り方針や対応を確認して指導を始めても，うまくいかないことがたえず起きるものです。

　そのため常に必要なことが，指導の結果を確かめることです。この仕事の中心になるのもやはり生徒指導主事です。もちろん，1人でやる必要はありません。問題によっては，各学年の生徒指導の係の先生が中心になればいいのです。

　難しいのは指導が「うまくいっているのかどうか」の判断です。**心得5**で述べたような治療的なものや，予防的な観点で立てた方針や対応の結果を確かめるのは，比較的判断がしやすいのですが，開発的な観点から立てた方針などは，長期的なものだけに一朝一夕には確認できません。

　これはそれなりに時間もかけて，経験のある教師の眼で判断し評価することが大切です。例えば，普段の授業中の様子，休み時間の様子，行事での学級の取り組みの姿勢など，たくさんの情報から判断しなければいけません。

　自然発生的に話題になることは，まずありませんから，ここでも生徒指導主事として問題を提起するという役割が問われます。

☑ さらに修正し援助する

　最近，問題になる「いじめの重大事態」の中には，いじめとして学年全体で取り組んでいたにもかかわらず，この指導の確認を怠ったために重大事態に至ってしまったものが少なからずあります。

　指導を見守り結果を確認することは，いじめ問題に限らず全ての問題で言えることです。

　特に重要な問題に対する方針や対応ならば，全教職員で会合を開き，指導の経過を説明し結果を報告します。そして全教職員と「うまくいっているのかどうか」を確認します。必要ならば修正もします。このことが実践を継続するエネルギーになります。

　評価というのは，実践している者自身にはわかりにくく，他者からの評価で気づくことが多いのです。

　不十分なところはさらに知恵をもらい，修正しまた実践をします。生徒指導というのはこの繰り返しに過ぎません。この繰り返しをすることが，若い教師を育てることになり，生徒指導の力をつけることになります。

　ところが，このような会合でただ批判しかしない教師ばかりであったり，知恵も出さずに陰では不満を言う教師ばかりであっては，一致した指導体制はけっしてつくれません。

　学校が落ち着いている時には，このような批判や不満は起きないものですが，いったん荒れると噴出するのが常です。

　生徒指導主事というのは，その状況を見極めて批判や不満が溜まる前に，学校全体に問題を提起する役割をもっています。

指導方針やその対応の結果を確認しようとすることは，自然発生的には起きない。したがって修正する声もあがらない。この問題提起は生徒指導主事の役割。

第1章　生徒指導主事のスタート！　21

第1章
生徒指導主事の
スタート！

7 どんな指導や助言をするか

 生徒指導主事の仕事には，他の教職員を指導・助言するという仕事がある。いったい，どんなことをするのだろうか。また，そんなことはとてもできないという若い生徒指導主事もいるだろう。

☑ 他の教職員への指導や助言なんて，できない！

「学校教育法施行規則」によると，生徒指導主事は「（生徒指導に関する事項について）連絡調整及び指導，助言に当たる」と定められています。

ところが，これを知ったら多くの教師はとても務められません。私などはこの文面に定められた内容も知らずに，三十数歳でなってしまったのですから，何年も経って知った時には驚いたものです。

指導や助言ができるようになってから生徒指導主事になるのでは，日本中から生徒指導主事はいなくなるかもしれません。

多くの場合は私のように，若いから，しぶとくて諦めないからなどという理由でなってしまうものです。私が生徒指導の責任者になったのは，1980年代の校内暴力期でした。生徒指導部の1人としていつも"最前線"でした。

問題の対応に追われる生徒指導の毎日でしたが，多くの先生たちの知恵を借りながら，治療的な生徒指導から予防的な生徒指導，さらに開発的な生徒指導へと転換してきました。たった1つの能力や特技があれば，生徒指導主事はまずは務まります。その能力が今，必要だから請われたのだと考えて始めてください。

私もこの仕事を10年も続けた結果，ようやく生徒指導の力がついてきたのです。では，指導や助言をするとはどういうことでしょうか。

✅ やってみせ一緒にやる，任せて評価する

　まず，問題点に気づいていなければ指導の改善も修正も起きませんから，問題点を見つけて提起することが指導・助言の出発点です。

　特に，荒れていると現実を見たくないという心理が働きますから，誰かがその問題点を提起しなければ，問題は意識化されません。さらに，同僚や年上の教師には問題点を言いにくいものです。

　問題を学校全体に意識化させる，学年の問題であれば当該学年に意識化させるという仕事がまず最初です。

　そして指導や助言の具体的な進め方は，「やってみせ一緒にやる，任せて評価する」につきます。

　例えば，「けんか」の指導ならば，事実の調査と事実の確定，原因の確認と双方が原因を納得したか，今の気持ちと今後の過ごし方，謝罪と仲直りの仕方の確認と実施，保護者への連絡とその方法，翌日からの見守りと結果の確認，などを実際にやってみせます。このことは他の問題でも同じであることを教え，今度は一緒にやります。やがて，一緒にいるけれども完全に任せてみます。その結果，褒めるべきところは褒めて評価します。1人の教師を育てるということは，こういう手間暇のかかることなのです。

　ただし，開発的な生徒指導の指導，助言の場合は，こうはいきません。今度は学年の教師の力を借りなければできないからです。経験のある教師の協力をもらい，学級経営や係活動，行事などでの生徒の活躍のさせ方などを見せてもらう体制をつくることです。

　こういうことができる学校にするのも，生徒指導主事の役割なのです。

指導，助言は口頭だけではできない。
「やってみせ一緒にやる，任せて評価する」のが最良な方法。

第1章　生徒指導主事のスタート！

第1章
生徒指導主事の
スタート！

8 情報収集のシステムをつくる

 現状を振り返るには，正確な情報が必要になる。そのためには教師側には多くの情報が集まっていないと，正確な事実の把握ができない。そのシステムをつくっておく。

☑ 多様な場面から，より多くの情報を集める

　一般的に情報は多ければ多いほど正確な事実に近づくことができます。

　例えば，A先生の授業では騒ぐ生徒がB先生の授業では普通であるなどということは，よくあることです。そうすると，A先生は否定的な情報をもちますが，B先生は肯定的な情報をもつことになります。これはどちらも正しい情報です。生徒が先生によっていろいろな顔をもつのは大人と同じです。もしかすると，部活動では努力家の頑張り屋の顔を示しているかもしれません。

　いじめ問題でも，「いじめかどうか」の判断で情報が少ないと判断ミスが起きます。「ただのトラブルだと思った」として，「いじめとは思わなかった」という例は，数えきれません。

　多くの情報があれば，一過性のただのトラブルなのか，いじめなのかの判断がしやすくなります。しつこく何度も起きていたり，複数の生徒が関わっていたりすると，いじめではないかと判断できます。

　ですから，多様な場面から多くの情報を集めることで，事態の本当の姿を正確に知ることができます。

　しかし，生徒指導主事は情報が集まってくるのを待っていてはいけません。自ら集めることが大切です。

☑ 本当の情報は「3間」から

　報告しようとして報告する情報よりも，雑談の中で話題になる情報のほうが真実に近く質の良い情報であることもあります。

　例えば，放課後に雑談をしていて，ある生徒のことが話題になり，それを近くで聞きつけた教師が，「そういえば，今日こんなことありましたよ」と雑談に参加することがあります。重要だとは思わなかったので，忘れていたということを思い出すケースです。こういう情報には思いがけない重要なものがあり，指導上とても助かったなどということがあります。

　それには雑談のできる「時間」「空間（場所）」「世間話（雑談）」の3つの「間」がないといけません。雑談の中には生徒の生きた情報があります。

　しかし，昨今の学校は放課後は会議でしめられ，空いたスペースはパソコンなどで埋め尽くされ，雑談もできなくなってきたのが残念です。

☑ 合理的に集める

　情報を提供する側の忙しさにも配慮しなければいけません。例えば，他学年の先生がある場面を目撃したとします。それを当該学年の先生に報告さえすれば，必ずその学年の生徒指導係に届き，生徒指導主事にも届くというシステムを徹底することです。

　これが学年主任にも生徒指導係にも，さらに生徒指導主事やはては管理職にも報告しなければ全体で共有されないような，能率の悪い合理的でないシステムではやがて情報は集まらなくなります。

　問題の多い時期は，毎日放課後に各自に集まった情報を確認します。

生徒指導主事は自ら動いて情報を集める努力をする。
3つの「間」があると生きた情報が集まる。
提供する側の立場で合理的なシステムにする。

第1章　生徒指導主事のスタート！

9 情報を共有する

CHECK　教職員からの情報には全て耳を傾ける。それから生徒指導主事が中心になってより分ける。
緊急性に応じて情報の共有化を図る。

☑ 重要な情報かどうかは，わからない

　その情報が重要かどうかは，後になってわかることがあり，報告を受けた時点ではわからないことが多いものです。初めから軽視していると見逃してしまい，重大な事態に至ったというのは，いじめ事件にもよくあります。

　したがって，受けた情報はどんな些細に思えるものでも，丁寧に聞いて記録をしておかなければいけません。

　報告した側も，相手に記録もせずに聞き流されたのでは，報告のしがいがなく，報告はしなくなるでしょう。

☑ より分けて共有する

　しかし，生徒指導部はその情報をより分けて共有する必要があります。何から何まで全てを並列的に扱っていたのでは，時間には限りがありますから無理です。重大な問題ですぐに対応するもの，まず事実関係をより詳しく調べるもの，当面様子を見るもの，保護者に連絡だけをしておくもの，などと緊急性に応じてより分けます。

　また，全体に朝の打合せで報告するもの，当該学年にだけ報告するもの，担任にだけ伝えておくもの，などと共有しておきたい対象によっても，より分ける場合があります。

☑ 図式化して口頭で説明し，共有する

重大な問題ですぐに対応しなければいけないものは，説明をできるだけわかりやすくするために，図式化して文書を配り口頭で説明します。

例えば，右図のように必要な事項だけを図式化します。そうすると何があって，誰と誰の間でどんなことがあったのか，指導はどの段階か，などがぱっとわかります。

こうして学校全体，学年全体で共有し，協力をもらいます。

指導に当たる時には，さらに詳しい情報や事実関係が必要になりますから，これは口頭で補います。

管理職への報告も，生徒指導主事，学年の生徒指導係，学年主任や担任，関係教職員も含めてできるだけ一度で済むようにします。

> 6／8（水）2年　嫌がらせ行為
> 　鈴木君（2組）
> 　高橋君（3組）→ 斉藤君（2組）
> 　佐藤君（2組）
>
> ・本人が担任の田中先生に訴え。
> ・2校時後の休み時間に廊下で「寄るな」「消えろ」などと。
> ・2日連続であったらしい。
> ・昨日の指導。3人共，否定。
> ・本日，周囲の生徒からも調べ，事実の有無を再調査。

このような段取りは，該当の学年生徒指導係が中心になって設定するのが一番いいのですが，そこまでの危機意識がない場合や，段取りの設定自体に慣れていない場合には，生徒指導主事が中心にならなければいけません。

そのため生徒指導主事は，集まった情報を毎日確認し，より分けるという仕事があります。

心得9　生徒指導主事には情報を適切により分け，共有化するという重要な仕事がある。共有するには，能率的で合理的に一度の会合で済ませる。

第1章　生徒指導主事のスタート！

第1章
生徒指導主事の
スタート！

10 情報の記録と保管

 生徒指導主事には膨大な情報が集まる。自分がわかるように専用ノートをつくる。生徒指導は個人情報が多いので，その管理には神経を使わないと信頼を失うことがある。

☑ 自分の専用ノートに記録する

　記録の仕方は，人それぞれで良いと思います。自分が生徒指導主事としてやりやすいようにすれば良いのですから，私の場合はということで紹介しておきます。

　私の場合は，大学ノートで専用ノートをつくっていました。ほとんどは担任も学年主任も生徒指導部も兼任していましたから，ノートの最初は自分の学年の生徒指導を，逆さにして反対側からは他学年の生徒指導に関して記録していました。

　荒れた学校に勤めていたことが多く，集まる情報は相当な数でした。そのため殴り書きのような書き方でしたが，解決したと判断できるものには**済み**，しばらく様子を見ないと判断できないものには**様子見**，などと大きく赤字で印をつけていました。

　何かを指導中に，別の問題が起きて同時並行で対応することも少なくありません。そのため１つの問題がばらばらに記録されて指導経過がわからなくなることがないように，私のノートはスペースを多くとり常に紙切れが貼りつけられるようにしていました。

　また，記録する問題の頭には必ず 嫌がらせ けんか 暴力 授業抜け出し などという種別を赤字でつけました。

暇があるとノートをめくります。そうすると明日のやるべきことがはっきりします。特に，いじめなどは毎日継続されると誰でもおかしいと思いますが，月に数回ずつだと気づきません。そういう時に記録を眺めていて，同じ子が嫌がらせを受けていることに気づくと，これは単なる嫌がらせではないとわかり，本格的な指導に入れます。

　生徒指導主事の仕事は多岐にわたりますが，まずは子どもの世界で起きた問題はすぐに適切に対応しなければいけませんから，いつも見ることを習慣にしていました。自分が見やすいように工夫してください。

☑ 文書の管理と保管は厳重に

　当然，自分だけの専用ノートであろうと，これらの文書の管理には相当な神経を使わなければいけません。

　まず，生徒の目にふれてはいけません。常に引き出しの中に入れ，必要な時にだけ持ち歩きます。ノートは特大のもので厚めのものを使います。何かの間に入り込み行方がわからなくなることがないようにするためです。

　以前，授業で使う教科書や資料集などに紛れ込んだ生徒指導部の先生のノートを，休み時間に生徒が見てしまい騒ぎになりました。そこには家庭訪問での保護者の様子が書いてあったからです。

　また，そのノートを家庭訪問先に忘れてきた教師もいました。できるだけ大きな厚いノートか，薄ければ2冊をのりづけして厚くします。

　なお，管理職へ報告すべきものは，一応解決したと思われる時点で，改めて詳しく指導経過などを書き提出するのが普通で，その間は機動性を重視して簡単なメモや口頭で報告しておけば良いと思います。

心得10

生徒指導主事としての自分の専用ノートは大きくて厚いものにする。そうすると紛失することはない。
見やすいように工夫し，普段から眺める習慣をつける。

第1章
生徒指導主事の
スタート！

11 信頼される生徒指導主事になる

CHECK 生徒指導主事は，まず人として信頼されなければ頼りにされない。頼りにされなければ，情報も集まらないし，決めたことも守られない。一致した指導体制もつくれない。

☑ 人がやりたがらないことをやる

生徒指導というのは，問題行動に対応するだけではありません。

学級経営や行事の中で生徒が能力や特技を発揮できると，自分の存在感も感じ，また他人にも認められる機会が増えます。このような生徒指導は「開発的な生徒指導」といわれていて，そもそも問題行動が起きにくくなります。

しかし，現実の学校現場はそうはいきません。

若い時に，こんなことを経験しました。暴力が頻発し困っている時にこの「開発的な生徒指導」をとうとうと主張したり，「暴力を振るった子の気持ちも理解し寄り添ってやるべきだ」などと言う先生がいました。

当然のことを注意しても，暴力を振るうのでは学校は無法化します。そんな時に「開発的な生徒指導」を当面の対応策として主張しても意味はありません。これでは当然のことを毅然として注意する教師はいなくなります。

私が生徒指導部になったのは，そんな時期でした。

私は「自分も注意したくないが，他の先生も同じはずだ」と思い，他人がやりたくないと思うことを率先してやるようにしました。「明日の行事は荒れるだろうな」と思ったら，絶対に休まずに行き，率先して対応しました。誰もやりたくないトイレのいたずらについても，率先して汚物の処理をやります。破壊されたあちこちもよく直しました。

30

「きっとあの保護者と会うのは，誰でも嫌だろうな」と思ったら，担任と一緒に家庭訪問して，その難しい保護者と対応しました。
　こうして初めて信頼を得ることができるのです。「報告すれば，相談すれば，きっと一緒にやってくれるに違いない」と頼りにされることが，生徒指導主事になくてはならない基本的姿勢です。
　そのような時に，聞こえのいい言葉を並べたり，第三者的な物言いに終始していたのでは，頼りにはなりませんから信頼もされなくなるでしょう。

☑ 一致した指導体制の要（かなめ）

　生徒指導主事というのは，一致した指導体制を確立する要です。難しい理論を唱えたり，当面はできない理想論をぶったりしても，尊敬も信頼もされません。
　それよりも今，目の前で困っている先生を援助すればいいのです。援助するというのは，**心得7**で述べましたが，まずやってみせることです。やってみせるほど経験がないのに，生徒指導主事になってしまったというならば，一緒にやればいいのです。一緒にやると，知恵は2倍になりますし，何よりも心の負担が減ります。
　一緒にやってもうまくいかなければ，「2人で対応してもだめだった」と気が楽になり，「よし，今度はこうしてみよう」と知恵がわくのではないでしょうか。私はこうして生徒指導の力を磨いてきました。
　生徒指導主事というのは，初めから特別に秀でた力をもっていなくてもいいのです。信頼されれば，必ず一致してやってくれるようになり，それが生徒指導体制を確立することにつながります。

　一致して取り組める体制は生徒指導には欠かせない。
　それは生徒指導主事の姿勢にかかっている。
　目の前の困っている先生を一緒になって助けること。

第1章　生徒指導主事のスタート！　31

Column

褒める指導がいいのか，厳しく叱る指導がいいのか

　教育の世界，特に生徒指導の世界は指導に迷いが多い世界です。その代表的な迷いの1つが，この「褒めるべきか，叱るべきか」です。

　もし，褒めることが子どもの意欲を高め，自信につながると考える教師は，当然，「叱る」場面を減らそうとしたり，厳しく叱ることを避けたりします。

　しかし，褒める指導だけで教育ができるならいいのですが，現実は叱りたくなるような場面がたくさんあります。

　一方で，今の教師は厳しく叱ることができないから，子どもを甘やかし規律が育たないのだと考える教師は，小さな乱れも見逃さずに指導します。

　しかし，この場合は「小さな乱れ」が本当に乱れなのかの判断が難しく，また乱れを直させることが目的となり，その乱れの「わけ」を探ることは二次的なことになります。そうなると，管理的な教育が先行してしまい，褒める指導の立場に立つ教師から批判を受けることになります。

　いったい，どう考えればいいのでしょうか。

　ところで，とても興味深いデータがあります。「国立青少年教育振興機構」の「青少年の人間形成においてどの時期にどのような体験をすることが重要か」の調査研究（2017年発表）によると，親や教師，近所の人に「褒められた経験」が多い人ほど，自己肯定感が高く，同時に「厳しく叱られた経験」も多ければ，より自己肯定感が高いという傾向が見られたそうです。

　また，最も自己肯定感が低いのは，褒められる経験も叱られる経験も少なかった子どもたちです。

　この調査結果から少なくともいえることは，「褒める」ほうが教育的効果があり，その上での「叱る」行為はさらに効果があるということです。

　どうやら，「あれかこれか」ではなく「あれもこれも」のようです。

【参考】国立青少年教育振興機構「子供の頃の体験がはぐくむ力とその成果に関する調査研究」
（2017）

第2章
生徒指導の基礎の基礎
～生徒指導主事として
身につけるべき「考え方」～

　第2章では生徒指導主事として身につけておきたい「考え方」を中心に述べます。

　この「考え方」が確立していないと，全教職員が一致して取り組む体制を築けず，ばらばらに取り組むことになり効果はあがりません。

　ここでは「考え方」を述べながら，「生徒指導の基礎の基礎」について説明します。

Chapter 2

第2章
生徒指導の
基礎の基礎

12 なぜ指導が入らないのか

CHECK 尊敬されていない教師の指導は，たとえ正しいことを言っても，無視されるか反発を招くことさえある。尊敬されるには，教師と生徒の間にまず信頼関係がないといけない。

☑ 尊敬されていないと，指導は入らない

　生徒指導には難しい「理論」がいくつもあります。ところが，実際の生徒指導は意外と簡単な原理で成り立っているものです。
　その1つが「指導する教師が尊敬されていないと，指導は入らない」という原理です。
　これは日常生活や大人の社会にも共通した素朴な原理です。例えば普段，尊敬の念を抱いている人が言ったことには，耳を傾けようとします。そして，理解して自らの言動にも取り入れようとします。人はこうして幼児期から道徳や価値観，文化を学びます。もちろん，成長に伴い批判的に取り入れます。
　ところが，尊敬していない人の言動からは影響を受けにくいものです。それは自らの言動に取り入れようとしないからです。
　ですから，教師は尊敬されていないと，指導にはとても苦労をすることになるのです。
　私が教師になった10年間（1970年代）くらいは，まだ学校の先生というのはとても尊敬されていた時代でした。つまり，その時代は先生というだけで無条件に尊敬されていたのですから，どんな指導をしても，少々は理不尽なことを要求しても，生徒も保護者も「ごもっともです」と言って指導を受け入れてくれました。

☑ まず,「信頼感」を育てる

　昔は「尊敬されている」関係から,教育（指導）が始まりましたが,今は「尊敬される」関係をつくることから始まるので,およそ手間がかかる話です。

　しかし,何もしないと尊敬される関係は生まれません。よく知らない隣のおじさんを初めから尊敬していたという人はいないように,教師と生徒の間に「関わり」をつくることです。その「関わり」から「信頼感」が育ちます。

　その「関わり」は実にたくさんあります。

　休み時間に一緒にたわいのない話をした,好きな作家の小説を貸してやった,共通の好きな漫画の話をした,ゲームの攻略法を教えた,去年教えたお兄さんのことが話題になった,教師の子ども時代の失敗やドジな話をした,一緒にボールで遊んだ,などと教師の個性や特技を活かすのです。

　このような「関わり」があると,今度は「先生私ね,社会科はどうやって勉強したらいいのかわからないの」「〇〇君に時々,嫌なこと言われるの」「授業中,おしゃべりが多くてよく聞こえないの」などと,困っていることを話題にしてきます。

　いよいよ,教師の出番です。大いに耳を傾けて聞いてやり,その困っていることに取り組んでやるのです。すると,結果はどうであれ,「この先生は頼りになる」「私を見捨てない先生だ」と思い,「信頼感」が生まれます。

　何度指導しても問題を繰り返す子は,例えば親に関わってもらえず,親から見捨てられた感覚になり,大人への信頼感をもっていない子です。

　「信頼感」のもてない人を尊敬することはありません。

尊敬していない教師の指導は入らない。
子どもとの「関わり」の中でしか,「信頼感」は芽生えない。
「信頼感」は尊敬の大前提となる。

第2章　生徒指導の基礎の基礎

第2章
生徒指導の
基礎の基礎

13 トラブルを恐れない

CHECK 生徒指導でトラブルは必ず起きる。このトラブルを恐れていると，生徒集団は正義感を失い，やがてどんな無法もまかり通ってしまう。教師はトラブルを恐れてはいけない。

☑ 「影響力のある生徒」への指導をためらうのは普通！

　ここでいう「影響力のある生徒」とは，コミュニケーション能力があり，仲間が多い生徒です。こういう生徒は周囲に影響力があります。

　例えば，荒れた生徒の中によくいます。生活も乱れ悪さをしますが，退廃的な生徒たちからは一目置かれ，学級の空気を左右する生徒たちです。

　こういう生徒が学級に1人や2人はいることを，教師なら誰もが経験しているはずです。

　ある時，その生徒が見逃すわけにはいかない悪さをしたら，当然，教師は厳しく叱ります。この生徒は見逃し，他の生徒の場合は見逃さずに叱るなら，たちまちのうちに「不公平な教師だ」と不信を買うことになります。

　叱られても，いやいやでもいいから神妙にしてくれるならば，それで収まるのですが，指導に従わずに激しく反発し，時には対教師暴力や大騒ぎになるケースがあります。

　そうなると教師は指導をためらってしまいます。対教師暴力などに発展してしまうと，その後の指導には大変な労力を要し，またその生徒との人間関係もより悪くなるからです。むしろ，ためらうのが普通なのです。

　さらに，教師集団からは「指導が下手だから対教師暴力を引き起こしたのではないか」と批判されることもあります。

こうなるとますます教師は指導をためらってしまいますから，一部の生徒は暴力的な言動を背景に無法化していくことになります。
　また，一般の生徒には「先生たちは弱腰でだらしがない」と映り，生徒集団の正義感は失われていきます。

☑ トラブルは起きても構わない

　このような場合には，学校として「考え方」を確立しなければいけません。指導を迷う理由は，一部生徒の暴力的な言動に恐れているためだけではありません。トラブルが起きた後の教職員間の一致した体制がなく，発生後の対応に不安が生まれるからです。
　迷いを生じさせないためには，「トラブルは起きても構わない」という一致がなければなりません。教師が当然のことを注意して，指導に従わずに激しく反発し，その結果，対教師暴力が起きたり，大騒動になってもやむを得ないということを事前に学校全体で確認していることが必要です。
　もちろん，「当然のこと」というのは，それを許したら学校として成り立たないという，例えば授業妨害や他の生徒への嫌がらせ行為，暴力などです。
　ほとんどの保護者や生徒が，「先生が怒って注意するのは当然です」と納得できるものでなければなりません。また，教師側から挑発的な言動をとることや，体罰による注意は慎まなければいけないのは当然です。
　実際にトラブルが起きた時に，どのような援助体制をとるかは，事前に綿密に相談しておくことが必要です。
　このような「考え方」の確認も援助体制も，自然に確立するはずはなく，生徒指導主事が中心になって提案しなければいけません。

ダメなことはダメだと指導できるようにするには，トラブルが起きても構わないという全教職員による確認と，そのトラブルが起きた時の援助体制をつくっておくことが必要。

第2章　生徒指導の基礎の基礎

第2章
生徒指導の
基礎の基礎

14 荒れた生徒ばかり追い回さない

CHECK まじめな先生たちこそ，全力をあげて「荒れた生徒」に取り組む。
しかし，単に追い回すだけに終始することがほとんどで，その結
果，荒れは続く。この悪循環から抜け出す方法はないのか。

☑ 荒れた生徒の指導に全精力を使わない？

　もし学級が荒れていたら，そこには間違いなく中心になっている生徒がい
るはずです。学校全体が荒れていれば，やはりそこには「逸脱集団」がいる
に違いありません。

　だから，教師はそのような子たちに取り組もうとします。それ自体は何ら
おかしなことではありません。実際，そうやって学級や学校が荒れを克服し
た実践もあります。

　しかし，私が200余りの荒れた学級や学校を見聞してきた経験から言うと，
そのような実践で荒れを克服したほうが希なのです。いったん荒れると，学
級や学校は簡単には立ち直るものではありません。

　生徒は生まれて十数年の中で，それなりに深いわけがあって荒れていった
わけです。きのう今日，些細な何かがあって荒れたわけではありません。

　克服した学校の多くは，荒れた生徒の指導に全精力を使わずに，むしろ普
通の生徒たちの指導に多くのエネルギーを使ったのです。

　これはどういうことでしょうか。教師集団には無限の時間とエネルギーが
あるわけではありませんから，限られた時間と限られたエネルギーをうまく
配分するしかないのです。

　また，荒れている学校の先生は，よくこう言います。「こんな荒れている

時に，行事や集会なんてやったら，一部の生徒に"活躍"の場を与えるようなものだ。放課後の学級活動もできるだけなくして，生徒を早く帰そう」。つまり「まず，荒れを克服して，次にまともな学校づくりを」という"二段階論"ですがうまくいきません。活動がなくては一般生徒は育ちません。

☑ なぜ，普通の生徒たちの集団を育てるのか

　行事や集会，学級活動の中でこそ，子どもは自分の特技や能力を発揮し，他人の役に立つことに充実感を感じ，他人から認められて居場所を得るのです。これがなければ，間違った発揮の仕方をします。例えば，「異装」や「悪さ」がその1つです。

　異装によって級友から注目され，悪さをすることによって自らの力を認めさせようとします。ところが学級に健全な居場所をもっていれば，その必要はありません。居場所がないと「逸脱集団」に居場所を求めてしまいます。

　また，普通の集団を育てるという教育活動を軽視して，規律指導や校則指導で立て直そうとすればするほど，普通の生徒たちの心は教師から離れ「逸脱集団」に同調します。こうして「逸脱集団」はさらに大きくなり，荒れは加速化します。

　つまり，「急がば回れ」で普通の生徒集団を育てることのほうが早道です。

　もちろん，荒れている時には一定のエネルギーを荒れた生徒たちにも使わざるを得ません。けっして放置してはいけないのは言うまでもありませんが，荒れた生徒に厳しく規律指導や校則指導をするのではなく，学級に居場所をつくれるような特技や能力を見つける，学習指導をやり見捨てない関わりを続ける，などが大切です。

荒れていても，普通の生徒を育てる教育活動を重点にするという「考え方」を忘れてはいけない。生徒指導主事が自ら主張することによって，全教職員はこの「考え方」を確信できる。

第2章　生徒指導の基礎の基礎

第2章
生徒指導の
基礎の基礎

15 本当の「校則指導」とは？

今も「校則指導」は生徒指導の重要な位置をしめている。
いったい，校則指導で何を指導しようとしているのだろうか。

☑ 「校則指導」で何を指導するのか？

　今も日本中の大半の中学校では，「校則指導」は生徒指導上の重点課題とされ，その指導には相当な時間も費やされています。

　実際には，「校則指導」といっても校内暴力期に見られたような細かな校則はほとんどなくなり，「服装」と「頭髪」が中心になっています。つまり，「校則指導」は「服装指導」と「頭髪指導」に限られています。「異装の禁止」「茶髪などの禁止」ということになります。

　各学校によって，「異装」や「茶髪」を禁止する理由は様々です。学校の校則を守ることは社会に出る準備の1つだ，そもそも中学生らしくない服装や茶髪は指導すべきだという理由から，地域や保護者には支持されていない，学校の評判が悪くなり進学にも影響する，という理由までいろいろです。

　さらに，「異装」や「茶髪」を認めれば，次々と校則は守られなくなり，規範意識が薄れて学校の秩序が失われ荒れていくという考えも根強くあります。「服装の乱れは心の乱れ」というわけです。

　いずれの理由も本質的でなく根拠薄弱ではないでしょうか。「社会に出る準備」ならもっとやるべきことがあります。「中学生らしくない」かどうかは，本人か家族が決めることです。地域や保護者の「支持」や「評判」で決めるのも，学校としての主体性のない話です。「服装の乱れは心の乱れ」な

ら，まず心の乱れに取り組むのが先です。

☑ 「茶髪」には「わけ」がある！

　ここでは「茶髪」を例にお話しします。どうして一部の生徒は「茶髪」にこだわるのでしょうか。

　そこにははっきりとした理由があります。はっきりとした理由がなく，一度やってみたかったとか，ただの真似なら一過性で終わります。

　茶髪にしてきた生徒ととことん話し合ってみてください。必ずこんなことを言います。

　「(ワルの) 先輩に憧れている」「まじめな生徒にはできないことをしたかった」「他のやつより俺のほうが上なことを示したい」「みんな茶髪にしたいけど弱いからできない。俺はやれるんだ」「格好がいいんだよ。だから，みんな見るよ」などと。しかし，「茶髪禁止」がまずあって，「直せ」「直さない」の押し問答の指導では，生徒は絶対に本音は言いません。

　「わけ」は「強がる」「注目されたい」「人より上になりたい」などという思春期特有の欲求に過ぎません。人はみんなこのような欲求をもち成長していくのですが，この生徒たちは茶髪ではなく他人に受け入れてもらえるような充足の仕方を得る機会がなかったに過ぎません。

　そうすると，取り組むべきことはこの「わけ」ということになるのではないでしょうか。

　最後に念のためにつけ加えておきますと，私は「茶髪」などを放置していいと言っているのではありません。むしろ，大いに注目してやり，その「わけ」に取り組もうと言っているのです。

校則の違反にも「わけ」がある。この「わけ」に取り組まない限り，子どもは本当に立ち直ることはない。

第2章　生徒指導の基礎の基礎

第2章
生徒指導の
基礎の基礎

16 人には「基本的欲求」がある

CHECK 人には生まれながらにもっている欲求がある。この「基本的欲求」を満たすためには相当な悪さであってもやってしまう。このことを生徒指導に携わる教師は知っておかなければならない。

☑ 生まれながらにもっている「基本的欲求」

　生徒指導に携わる教師は，人は生まれながらに（本能として），基本的欲求というものをもっていることを知っておくことが大事です。本能的にもっているということは，満たされない時には，大人からすると良くない方法をもってしても満たそうとするということです。

　人には「仲間をつくりたい」「仲間から認められたい」という欲求があります。仲間はいらない孤独がいい，人に認められたくない，などという人はいませんし，これではまっとうな大人には成長できません。

　もし，学級では認められず居場所のない子が，家に帰っても保護者にも相手にされない生活をしていたとします。

　例えば保護者は生活のために仕事が忙しく，夜遅く帰宅するなどというケースの場合，孤独に耐えられない子どもはそれがどんな集団であろうと，その集団の仲間になろうとします。深夜徘徊が典型です。そして，その仲間のやることは悪いことであっても，同じことをやります。仲間から離れたくないから，仲間から認められるために，相当な悪さであってもやってしまいます。

　ですから，どんなに教師が厳しく説教しても，何度も同じことを繰り返すのです。善悪の判断力がないからでも，意志が弱いからでもなく，判断力や意志を上回る本能的欲求のほうが勝っているからです。

42

思春期のこのような欲求には,「愛されたい」「仲間をつくりたい」「目立ちたい」「注目されたい」「人より上になりたい」という低次な欲求から,「人の役に立ちたい」「人から必要とされたい」「自分を発揮したい」などの高い欲求まであります。
　通常,このような欲求は家族や遊び仲間の中で満たされ,学齢期になると学校の友だち関係の中で満たされます。ところが,不健全な家族関係や環境の中では歪んだ満たし方をやってしまうのです。

✓ 生徒指導がうまくいかない時の原点！

　心得15でも述べたように,「校則違反」はこの欲求を満たそうとした結果でもあります。地味な努力を要する成績では目立つことができないから,最も安易な「茶髪」や「異装」にするのです。ですから,簡単には直してきません。また,指導の結果,服装を守るようになると今度はアクセサリーをつけてくるなどということが繰り返されます。
　生徒は保護者や教師の「あの子と一緒になってはいけない」「あの仲間から抜けなさい」という言葉には,猛烈に反発します。それは本能的に必要としている「仲間」を否定されたからであり,不思議なことではありません。
　集団となって校内を徘徊する現象は,校内暴力期から今日まで生徒指導上の最大の課題です。「目立ちたい」「注目されたい」「人より上になりたい」という欲求の充足手段ですから,一朝一夕には克服できません。正しい充足の場がない限り,その問題行動は続きます。
　生徒指導がうまくいかない時には,このような視点で自校の生徒指導のあり方を振り返ってみてください。その中心になるのは生徒指導主事です。

生徒指導がうまくいかない時には,いろいろな視点から振り返る必要がある。その1つが基本的欲求を満たしていくような生徒指導になっているかどうかである。

第2章　生徒指導の基礎の基礎　43

第2章
生徒指導の
基礎の基礎

17 生徒指導は「わけ」に取り組む

CHECK 生徒の問題行動には必ず「わけ」がある。「わけ」もなしに，荒れた言動を継続的にとることはない。どうやってこの「わけ」を探ればいいのだろうか。

☑ 「わけ」は本人はわからない

　荒れている真っ只中の本人というのは，なぜ自分が荒れるのかは，客観的に見ることができずわかるものではありません。卒業して何年も経ってから，ようやくわかるか，その多くは明快に語ることもできません。

　私の教えた生徒たちも，「とにかく無性に逆らいたかった」「何も考えていなかった」などと曖昧で漠然とした思いを語ります。

　それでも，本当の「わけ」は探れなくても，近づくことはできます。

　してはいけない問題を起こせば，当然厳しく叱ります。「そんなことをしていてはいけない」とか「将来は大変なことになるよ」という話は，あまりしません。それよりも家庭での生活を詳しく聞き，「わけ」を探ります。

　もちろん，簡単には話してはくれません。様々な機会に廊下や昇降口で短時間の会話を積み重ねて，ようやく口を開くようになります。趣味や興味が一致していると，その話を中心にします。たいがいは，家庭生活への不満や家族関係への不満があります。

　私の経験では，荒れた生徒は「家族関係」に問題があり，幼少期のある時期に「保護者から愛されていない」，思春期には「保護者から認められた経験がない」という共通点がありました。

　今度は保護者の話を聞きます。

☑ 保護者の話を聞く

　保護者に問題行動の連絡ばかりしていてはいけません。立ち直るためにどうすればいいのかを相談し援助します。これを拒否する保護者はいません。
　そうすると保護者も一緒に考えてくれます。「一緒にいられる時間が少なかった」「もっと話を聞いてやれば良かった」「きっと遅くまで１人だから，寂しかったはずだ」などという具体的な話が出てきます。とても多かったケースは，家庭訪問を何度も繰り返すうちに「実は今，離婚協議中なんです」「別居中なんです」という夫婦間の問題が出てくることです。
　このあたりで検討がついてきます。夫婦間の長期にわたる軋轢のため，子どもは愛されているという実感がなく，必要とされた体験もないのですから，**心得16**の「基本的欲求」はほとんど満たされずに育ってきたわけです。
　このように荒れた生徒の問題行動には，必ず「わけ」があります。ここに取り組まない限り，根本的な解決に迫ることはできません。中学校の在学中には解決することはできないということになるでしょう。

☑ 「わけ」に取り組んでいる最中に「荒れ」が加速しないか？

　「わけ」を探るには手間暇がかかります。その間に，残念ながら「荒れ」がさらに加速し，大きく荒れることがあります。
　その時は，一時棚上げにして「荒れ」の対応を優先しなくてはいけません。
　そうしなければ，一般生徒や保護者からは不信を買うことになります。つまり，「荒れる理由はわかるが，だからと言ってその言動を許すわけにはいかない」という立場です。

心得17　「わけ」を知るのは簡単ではない。完全に知ることはできないが，限りなく近づくことはできる。この「考え方」が，自校の生徒指導の基本になっているかどうかを生徒指導主事は常に自己点検する。

第2章
生徒指導の
基礎の基礎

18 「わけ」は解決できない

CHECK 荒れた生徒の「わけ」は過去にあることがほとんどである。「わけ」がわかっても解決できないことが多い。それでも「わけ」を探る取り組みは重要である。

☑ 「わけ」は家族関係などの過去にある

心得17で述べたように「わけ」を探っていくと，大半は家庭の問題にいきつきます。もちろん，例外もありますが，その場合は一過性か短期間で終わることがほとんどです。

「わけ」は過去にあるのですから，過去は変えられません。それでも，「もっと相手にしてやるべきだった」と気づいたら，今からでも遅くはありませんから，今の年齢に合ったやり方で接することができます。

週1回は必ず一緒に外食をすることにしましたという，ある母子家庭の親子がいました。つくる手間を省いて話を聞く時間をつくったのですが，この子はそれが楽しみで楽しみで仕方がなかったようです。パート以外にやっていた仕事を週3回に減らした親もいました。その日は絶対に夜遊びをせずに自宅にいるようになり，やがて深夜徘徊から抜け出した生徒もいました。

しかし，「両親の不仲が原因だ」とわかったところで，そう簡単には夫婦関係は改善できません。経済的な理由で仕事が忙しく，とても子どもと接する時間がない場合はなおさら難しくなります。

☑ 解決できなくても「わけ」を探る！

結局，「わけ」がわかったところで，解決できない場合がたくさんありま

す。それでもこの「わけ」を探る努力は必要です。それは「わけ」を探る取り組みの過程に意味があるからです。

　「わけ」を探るためには，教師はその生徒と世間話，特技や趣味，家庭生活の様子，小さい頃の話，きょうだいの話，友だち関係，そして家族の話など，たくさんのことを話題にします。教師はだんだんとその子が愛おしくなっていきます。例えば，「そうか，この子には必ずしも責任はない。これではどんな子だって荒れるよ」などと。

　また，「わけ」を探る過程で生徒本人は学校や保護者への不満，今抱えている不安などを吐き出します。人は誰でも不満や不安を他人に向かって吐き出すとすっきりし冷静になります。するとまた前向きになることがあります。

　このような過程を何度も積み重ねることによって，ようやく教師と生徒の間に信頼関係が芽生えてきます。

　荒れた生徒の保護者に，このままでいいと思っている保護者は1人もいません。「どうして，こんなことをしてしまうのか」と悩んでいる時に，保護者と同じ目線から一緒にどうするべきかを相談します。

　このように「わけ」を探る取り組みは，やはり生徒指導の重要な取り組みの1つです。

　ところで，このような保護者との相談は若い担任にはとても難しいのです。自分よりも10歳から20歳も年上の保護者と相対するのですから，二の足を踏むのは当たり前です。適切な対応も経験がなくてはできません。

　この取り組みの段取りを組み援助するのが，生徒指導主事の重要な仕事の1つです。自分1人でやるわけではありません。経験のある適切な教師に依頼し，若い担任の援助をしてもらってもいいのです。

生徒指導主事は，「わけ」を探る取り組みの援助をする。特に若い担任の場合には，生徒指導主事が計画的な取り組みを考え，具体的な援助体制をつくる。

第2章
生徒指導の
基礎の基礎

19 欲求を満たす教育活動

CHECK 人が誰でももっている「基本的欲求」と教育活動には，とても深
い関係がある。言葉として理解するのではなく，子どもが感じる
具体的な感覚で理解しておく。

☑ 欲求を満たすとは，どんなこと？

心得16で述べたように，人には誰にでも「基本的欲求」があり，この欲求
を満たしながら大人に成長していきます。この欲求を満たせないと歪んだ満
たし方をしますが，これが「問題行動」です。

では，欲求を満たした状態とはどういう状態をいうのでしょうか。教師は
この具体的な状態を描くことができると，全ての教育活動に活かせます。

思春期の心理の1つに，「目立ちたい」「注目されたい」というのがありま
す。これは「人より上になりたい」「自分を発揮させたい」という，やがて
向上心の原動力になっていくものでもあります。

ですから，この時期にはあえて他人と違う言動をしようとします。他人に
はできない特技や得意なことがあれば目立って注目を集められます。

勉強が得意な子は，得意な教科の授業では挙手したり発表したり活躍でき
ます。部活動などで活躍できる子もそうです。特技や得意なものがなければ，
服装や頭髪で人との違いを強調することになります。

「人に必要とされたい」「人の役に立ちたい」というのは，さらに高次な欲
求で「人から認められたい」という承認欲求につながっていきます。

行事などで特技を活かせば，担任や級友からは「君のおかげだ」と必要と
され役に立った実感を得られます。そうすれば自信もつき自己肯定感も育ち

ます。

　家庭の中にもあります。手伝いや家事の分担によって，例えば母親が「あなたのおかげで助かるよ」などと言うと，子どもの心には「私も役立っているんだ」という感情がわきます。

☑ 学級経営や特別活動こそ，欲求を満たす場

　このような実感や感情は本を読んでも勉強をしても，ほとんど得ることはできません。人との関係の中でしか育たないものだからです。必要とされたり役に立ったり認められたりするには，そこに他者がいないと不可能です。

　この他者との関係をつくる場が，学校にはたくさんあります。

　例えば，係活動や日直の仕事があります。授業に行って「わあーっ，今日の黒板きれいだね。気持ちいいよ。誰が消してくれてるの」などと言えば，消した生徒はきっと「私は役に立っている」と感じるでしょう。

　落ちかかっていた掲示物を直していた生徒を見つけたら，「ありがたい。そのままにしておくと，破れて落ちてしまい教室が汚くなるんだよね」と言えばいいのです。教師のこのたった一言が重要なのです。

　行事ならば，そういう場と機会は意識的にたくさんつくれます。例えば合唱コンクールなら，歌は苦手でもいいのです。楽譜の表紙の絵がうまい子，集めて練習する指示ができる子，練習するための道具をてきぱきとセットして練習時間を有効に活用できるようにする子，教室をステージに見立ててセットする子，などといずれもなくてはいけない係を考え，活躍させます。そして教師が「ありがたい。君のおかげで練習がよくできた」と評価します。

　学級経営や特別活動は，認められる機会の宝庫です。

生徒指導と「基本的欲求」の深い関係は，いわゆる「開発的生徒指導」とか「積極的生徒指導」のこと。難しい「理論」ではなく，ごく普通にされていることであり，意識して実践することが大事。

第2章
生徒指導の
基礎の基礎

20 「毅然とした指導」とは？

CHECK 古くから学校現場には「毅然とした指導」という「考え方」がある。「ダメなことはダメだと指導する」ということだが，最近は少し古めかしい指導になった。

☑ 「毅然とした指導」は基本原理

　1980年代の校内暴力期に，「ダメなことはダメだと指導する」とか「学校荒廃は生徒の荒れから起こるのではなく，教師の指導の不一致から生じる」などという言葉が盛んに使われました。

　その後，学校現場にはさまざまな生徒指導の理論に基づく指導方法が入り込み，この「毅然とした指導」はかなり色あせてしまいました。「毅然とした指導」などと声高に叫ぶと，数十年前の時代遅れの指導，強引で有無言わせない乱暴な指導，生徒の気持ちを理解していない非教育的指導というイメージをもつようになってしまいました。

　その理由はいくつもあるのですが，大きな理由としてマスコミがかつてのような校内暴力よりも，「いじめ問題」を教育問題として取り上げるようになり，「心に寄り添う」指導が主流になってしまったためです。

　ところが，実際の学校現場は今も「荒れ」と格闘しています。もちろん，この数十年間でその度合も質もいろいろ変化してきましたが，学校現場には荒れた生徒がいなくなり，とても落ち着いているわけではありません。文科省の統計でも対教師暴力などの暴力行為は，数十年間にわたり高い数値で増減を繰り返しているに過ぎません。

　今日の学校現場でも依然として「毅然とした指導」は，生徒指導の基本原

50

理です。この原理を否定して荒れを克服しようとするのは，痛みに苦しんでいる患者（荒れた学校）に，「今原因を探し，根本的治療を探っているから，それまで痛みに耐えろ」と言っているようなものです。

まずは痛みを取り除く治療を優先してもらいたいように，全教職員で「ダメなことはダメだと指導する」ことによって，荒れを抑止することです。

☑ 何に対して，毅然とした指導をするかが問題

しかし，一方ではこの「毅然とした指導」がどんな問題行動に対しても正しいわけではありません。

例えば，服装の些細な違反や，持ち物などの校則違反を「ダメなことはダメだ」と指導されたら，きっと生徒は息苦しくなるでしょう。このような問題に対しては，すでに述べたように「わけ」を探るのが優先されるべきです。

もちろん，何を些細な問題とするのかは，学校によって違ってくることはあると思いますが，他人の権利や安全を脅かすような行為は少なくとも「毅然と一致した指導」の対象にしなければいけません。

なぜなら，暴力的言動，授業妨害や悪質な嫌がらせ行為などは，どうあっても認められない行為だからです。このような行為に対して，学校が「ダメなことはダメだ」と指導するなら，多くの生徒は「当然だ！」と学校を支持するでしょう。

この「毅然とした指導」の対極にあるのが「心に寄り添う」指導であり，「カウンセリングマインド」による指導や「カウンセリングの技法」による指導です。これについては**心得22**の「カウンセリングは万能ではない」で述べることにします。

生徒指導主事は「毅然とした指導」という「考え方」に，揺らぐことなく確信をもたなければ誰もついてこない。ただし，どんな問題に対してなのかを明確にしておく。

第2章
生徒指導の
基礎の基礎

21 「壁」をつくる

CHECK 激しく荒れている学校は，効果的な対応をしないとさらに無法化
する。それは「壁」がないために，生徒に歯止めがかからないか
らである。5つの壁をつくること。

☑ 学校には5つの「壁」が必要

心得20で「毅然とした指導」は生徒指導の基本原理だと述べましたが，
「ダメなことはダメだ」と指導しても，残念ながら今日の学校現場では指導
に従わずに，さらに問題行動がエスカレートしていくことが起きています。

例えば，今も日本中のあちこちに見られるのが「校内徘徊」です。授業に
出ずに校内を徘徊し，廊下で騒ぎ授業を妨害する，喫煙，器物損壊などを繰
り返す，注意した教師に暴力を振るう，という荒れた状態になります。

こういう学校現場の現実を知らない人たちからは，そこまで荒れるのは
「きっと，教師側の指導に問題があったのだ」「教師集団が一致して本気で取
り組んでいないからだ」などという批判が起きます。

「たかが中学生じゃないか」という前提があるようです。大人が本気にな
れば，中学生を指導できないはずがないと思い込んでいるようです。

しかし，自分の抑えきれない感情を爆発させ，何に対して矛先を向けてい
るのかもわからない，この思春期の闇の真っ只中にいる中学生だからこそ，
やっかいな時期なのです。大人の犯罪は，金銭問題，男女問題，報復などと，
ある意味では理由や動機が明確です。

ところが，青少年期の犯罪にはとても不可解なものが多いことは，多くの
事件で知られています。「疾風怒濤」の時期の中学生の非行を抑止するのは，

成人した大人の犯罪を抑止するよりも難しいのです。そこには大人のような損得勘定は働いていませんからなおさらです。そのため，学校には「どうあってもそれ以上は認められない」という「壁」が必要です。「壁」は生徒を押さえつけるためのものではなく，むしろ荒れの加速から守るという意味をもつものです。

　「壁」は5つあります。❶生徒集団の壁，❷教師集団の壁，❸保護者の壁，❹地域の世論の壁，❺法律の壁の5つの壁です。

　簡単に説明しておきます。❶は生徒自身の自浄力です。「不正は嫌だ」「楽しい学校にしたい」などという生徒自身の中に育つ健全な精神です。❷は言うまでもなく「毅然とした指導」のことです。❸は保護者の教育力です。これがないと，子どもには歯止めがかかりません。❹は地域の世論の力ですが，これはほとんど頼りにならないのが現実でしょう。

☑ 最後の壁は「法律の壁」

　これらの4つの壁をすべて乗り越えられてしまったら，最後は法律をもって対応すべきだと思います。つまり，法的対応です。もちろん，これが意味するのは児童相談所や警察との相談も含めた関係機関との連携です。もはや「教育の力」では限界なのですから，迷う必要はありません。実際にはこの「法的対応」を宣言しておくと，子どもは限界がわかり超えようとしません。

　もし，この最後の「法律の壁」を否定し，あくまでも「教育の力」で対応すべきだと言うならば，教師はどんな困難があっても，被害を受ける子どもを守り抜き，充実した学校にするのだという不退転の決意が必要です。それなしでは，今日の学校現場ではただの無責任か，無謀に過ぎないのです。

> 生徒指導主事は，全教職員間に「法律の壁」の合意を形成しておくこと。荒れてからでは遅い。当然，最終判断は学校長である。

第2章　生徒指導の基礎の基礎　53

第2章
生徒指導の
基礎の基礎

22 カウンセリングは万能ではない

教育相談は主としてカウンセリングの理論や技法によって進められる。生徒指導と教育相談は、お互いに補完し合う関係なのに、時として対立したり、お互いの「考え方」を誤解することがある。

☑「毅然とした指導」の対極にある？？

　生徒指導の1つとして位置づけられているものに「教育相談」があり、多くは生徒指導部の係の1つとして設けられていますが、独立した部として設けられていることもあります。多くは「相談室」の担当者になっています。

　教育相談ですから、カウンセリング理論と深く関係していますので、実際、相当数のカウンセリング理論とその技法が学校現場に入りました。特に、生徒指導の基本姿勢として、カウンセリングマインドを全ての教師が身につけることが重視されてから、盛んにその研修会が実施されたものです。

　ところが、学校現場で行われてきた教育相談には、実は苦い歴史があるのです。この短い紙面ではとても説明できませんが、乱暴に言うと、「ダメなことはダメだ」と指導する「考え方」と、「子どもの気持ちを理解する」「子どもの心に寄り添う」という「考え方」の対立がありました。

　例えば、生徒が暴力を振るったとします。前者は厳しく指導し、時には法的な対応も辞しません。後者は罰だけ与えても心から反省はしないから、「まず話をよく聞き、時間がかかってもその行為に至った気持ちを理解してやるべきだ」と主張します。イソップ寓話の「北風と太陽」に例えて、前者の「北風」より後者の「太陽」のほうが優れた指導だと言った学者もいます。

　「毅然とした指導」と教育相談はしばしば対極に位置していたのです。

☑ 「北風」も「太陽」もどちらも必要

　私の所蔵している本の中には,「カウンセリングによる生徒指導」という書名を冠した類似の本が数十冊はあります。私自身は荒れている学校に勤めていたことが多いためか,あまりにも見事な指導で参考になりませんでした。

　特に,「○○理論」「○○技法」を唱えるそれぞれが,「今日の学校現場では一番効果的」などと言うと,「そんなに"一番"がたくさんあるのか」とあきれたものです。

　実際,夏休みを利用して専門の心理技法を学んできた教師や,教育委員会主催の何十時間に及ぶ実技研修会を受けてきた教師もいました。

　しかし,1つの理論や技法が生徒指導の全ての問題や場面で有効であるということは,およそないと考えたほうがいいのです。自然科学の法則でさえ"例外"があるように,人の子どもを対象とする生徒指導は例外だらけです。

　さて,先の生徒が暴力を振るった例で考えるとこうなります。一般的には暴力には法的対応をします。「ダメなことはダメだ」と北風で対応するのは当然です。

　しかし,そこに至った経過は言い分も含めて聞いてやらなければいけません。場合によっては,「そうか。確かに腹は立っただろうな」と"理解"を示してもいいのです。太陽の対応です。「しかし,君はそれを暴力で解決しようとした。これは絶対に認められないし,許しません」となります。

　北風も太陽も両方とも必要なのです。それぞれの役割が違うだけで,めざすことは同じなのですから。万能ではありませんが,カウンセリングを学ぶことは生徒指導の力を高めます。

心得22　生徒指導主事はカウンセリングの理論や技法から大いに学ぶ必要がある。ただし,「毅然とした指導」との役割の違いをよく見極めておかなければ,生徒指導は混乱する。

第2章　生徒指導の基礎の基礎　55

第2章
生徒指導の
基礎の基礎

23 保護者と共同するコツ

CHECK 生徒指導は保護者と共同しないと成果はあがらない。ところが，なかなか保護者の協力はもらえない。多くの保護者からの協力を期待しすぎて嘆くのではなく，少しずつ増やすことが重要。

☑ たった8人と嘆かない！

　生徒指導はもちろん教育というのは，言うまでもなく，保護者と共同しないと成果はあがりません。子どもは学校だけで育つのではなく，家庭や地域などでも育つからです。

　しかし，どの学校もなかなか保護者の協力は得られません。もし，学級に35人の保護者がいたら3人は学校に批判的，7人は無関心，10人は関心はあってもそれどころではない（例えば，仕事，介護，病気）などと想定すると，もはや20人は非協力的か事実上非協力的でも不思議ではないのです。

　すると学級懇談会に35人中8人しか来なかった，と嘆くことはありません。来るべき15人中の8人も来たのですから，5割以上の参加率です。

　たった8人から出発し，少しでもその比率を高めるにはコツがあります。

☑ 保護者に情報を公開する

　学校や学級の情報を積極的に公開しないで，保護者から協力はもらおうとしてももらえません。協力がもらえなければ，なおさら共同はできません。

　ましてや，都合の悪い情報は隠して協力だけはもらおうと思っても無理な話です。いいことも悪いことも公開します。

　公開の方法はたくさんあります。私が現職の時は，授業参観後の学級懇談

会の前に学年全体会をもち学年の様子を伝える，文化祭のプログラムに話す機会を入れる，修学旅行説明会でも学年の様子を伝える，緊急に開く必要がある場合は3日連続開催し，いずれかの日に来られるようにする，などの方法をとっていました。

また，学級通信や学年通信，学校だより，生徒指導通信などの文字によって発信し，それらを地域の自治会を通じて回覧板で回す，掲示板に貼る，主な商店にも協力してもらい掲示する，などとあらゆることをしました。

もちろん，いつもいつもここまで全てをする必要はありませんが，保護者や地域の世論を高める必要がある時は，ここまで徹底してやります。

☑ 共同するコツ

問題をもつ生徒の保護者の協力をもらいたいなら，問題を起こした時に連絡をとるというスタイルをやめることです。多くの場合，突発的に問題を起こすのではなく，徐々にエスカレートしていくのが普通ですから，保護者とは長い付き合いになります。それならば，普段からわずかの前進や様子を伝えることです。伝え方も，家庭訪問，電話，メール，手紙などと取り決めておくのです。こういうことに手を抜いて，何か悪さをした時だけ「困ります」と連絡しても，協力はもらえず共同はできません。

また，**心得18**でも述べましたが，内容によっては経験のある係や教師も一緒に行くのが鉄則です。

このように普段から「保護者と共同する」作戦をもち，どの生徒の保護者の場合はこれ，あの生徒の保護者の場合はこれ，などと細かく計画をもつことです。この作戦を主導するのも，生徒指導主事の仕事の1つです。

生徒指導主事は，学級や学校の状態から，「どんな作戦で，保護者たちと共同したらいいか」を考える。保護者と共同する視点を忘れてはいけない。普段からいい情報も公開する。

第2章 生徒指導の基礎の基礎　57

第2章
生徒指導の
基礎の基礎

24 「不公平感」を抱かせない

 教師は子どもの抱く「不公平感」にもっと敏感でなければいけない。不公平感を抱いている生徒には指導が入りにくくなり，生徒指導の基本的な土台が崩れてしまう。

☑ 子どもは不公平を嫌う

　子どもは不公平な教師や，特定の生徒をひいきしたりする教師をとても嫌います。大人もそうです。もともと人間には平等に扱われたいという欲求があり，この欲求は歴史的にはフランス革命などの原動力になったくらいです。
　やや古い校内暴力期の1981年の調査では，生徒が校内暴力の原因としてあげた第１位は３学年とも，「先生が一部の生徒だけをひいきにするからだ」というものでした（『モノグラフ・中学生の世界』vol.9，福武書店）。
　同じ調査の最近のデータはありませんが，きっと大きな変化はないと思います。30年以上も前というと，教師が無条件に尊敬されていた時代がほぼ終わりかけたころですが，今では子どもの教師に対する目はさらに厳しい時代ですから，不公平な扱いにはかなり敏感だと想像できます。
　実際，数年前に大学の教職課程で「こんな先生にはなりたくない」というテーマで話し合った時，わずか５，６年前の出来事として「一部の生徒には甘いのに，同じことをしても自分にはすごく厳しかった」「ある生徒が嫌がらせをしつこくしているのは注意もせずに，お菓子を口に入れていた僕は殴られた。確かに僕も悪いが，その先生はどうなっているのかと思った」などという不公平感を主張していた学生が何人もいました。
　もちろん，教師には別の意図があったかもしれないし，生徒の一方的な思

い込みや事実誤認もあると思いますが，教師はもっと「不公平感を抱かせない」ことに細心の注意を払うべきです。

しかし，特に生徒指導上で「不公平感」を抱きやすい指導として，どの学校にもある「校則指導」があります。

☑ 「指導の二重構図」が生まれる

例えば，茶髪の指導をします。全員が指導を受け入れて直してくる間は教師も生徒も何の疑問ももちません。ところが，たった1人の生徒がどんな指導をされても，茶髪を直さなかったらどうなるでしょう。

まさか，何ケ月も特別室に隔離することは不可能ですし，そんな生徒が数人でも出れば隔離も難しいでしょう。事実上，見逃すことになります。そうすると，その生徒は茶髪の"市民権"を得たとばかりに廊下を闊歩します。

このような茶髪の生徒をこれ以上増やしたくない学校側は，今まで以上に熱心に厳しく一般生徒を指導します。しかし，一般生徒には先の大学生が感じたように，「一部の生徒には甘いのに，同じことをしても自分にはすごく厳しかった」と映らざるを得ないのです。つまり，「指導の二重構図」が生まれてしまったのです。頭髪や服装指導では生まれやすい傾向があります。

この構図が生まれると，一般生徒のもつ「不公平感」はやがて教師集団に対する「不信感」へと発展し，指導全般が入りにくくなりますから，重大な事態だということになります。これは各地で実際に起きている事態です。

この構図をなくすには，通常は校則指導のあり方そのものを変更しないとなくすことはできません。生徒指導主事は，自校ではこのような構図が生まれていないかを見極めることが大切です。

心得24 「指導の二重構図」がなぜ生まれるかを理解する。生まれていないかを生徒や教職員の声によく耳を傾け，見極めること。生まれている場合には，全教職員でどうするか話し合う。

第2章　生徒指導の基礎の基礎

第2章
生徒指導の
基礎の基礎

25 1人で抱え込まない体制

 生徒指導は1人で抱え込んではいけない。特に経験が浅いと、その問題が些細なことなのか、重大なことなのかはわからない。生徒指導主事1人で抱え込んで悩まない体制をつくることが大切。

☑ 問題を1人で抱え込まない体制をつくる

「いじめ自殺事件」でよくある弁明に、「ただのトラブルだと思い、いじめだとは思わなかった」というのがあります。

そこで、この教訓から生まれたのが「いじめかどうか」の判断は、複数でしなさい、つまり「チーム」をつくって判断すれば、それだけ判断ミスは少なくなるだろうということです。

しかし、せっかく「チーム」をつくったが、今度は情報が共有されていなかったという事件が多発しました。かりに情報が共有されても、「いじめではない」と判断したらいじめは見逃されることになりますが、まず情報が出されないのでは「チーム学校」は意味がありません。

なぜこのようなことが起こるのでしょうか。いくつかの理由があります。

教師は誰にでも「そんなことも指導できないのか」と思われたくない心理があります。そうすると、知られないうちに解決してしまおうと1人で取り組みます。うまくいった経験があれば、なおさらそうなります。

さらに、「こんな些細なこと」までは報告する必要はないだろうと思うと、報告しません。実際、学校現場では毎日のように生徒間でトラブルが起きていますから、この心理もわかります。

こうして情報は共有されずに、1人で抱え込んでしまいます。もし、これ

がうまく解決すればまだいいのですが，生徒間のトラブルは実際には複雑な場合があり，重大な問題に発展していくこともあります。こうしたケースが「いじめ自殺」を引き起こしたりすることになります。

☑ ベテランが失敗や問題を語る！

　このような心理を払拭するには，ベテランが失敗や学級で起きた問題を語ることです。若い時の失敗を教訓として語るだけでなく，最近のトラブルを普段から公表していることです。実際の学校現場ではベテラン教師の学級といえども，さまざまな問題が起きます。

　そうすると，若い教師も「あの先生の学級でも，起きるんだ」「あの先生でも失敗することがあるんだ」と思ってくれるでしょう。

　失敗したことや学級の問題を公表すると，「指導力のない教師と思われるのではないか」と不安をもつ学校では，情報は集まりません。

　情報の共有や「チーム学校」の大切さを強調するよりも，ベテランが失敗や学級の問題を堂々と語れる学校であることが，一番大切なことです。本来，このような失敗などは**心得8**で述べたような「3間」があれば，雑談の中で経験できることです。

　通常，次は「事実調べ」に入ります（→**心得26**）。

　調べた結果，この情報が些細な情報なのかどうかがわかるのであって，調べる前に安易な判断をしてはいけません。些細なことかどうかは，経験と勘に頼らずに調べた事実に基づいて判断をします。

　生徒指導主事は，1人で抱え込まない体制をつくるために，全教職員間に失敗も問題も語れるような雰囲気をつくることです。

1人で問題を抱え込むと，重大な問題を見逃しやすい。誰もが失敗も問題も公表しやすい学校にする。次に「経験と勘」ではなく調べた「事実」で判断する。これも生徒指導主事の重要な仕事である。

第2章
生徒指導の
基礎の基礎

26 「事実調べ」の基本

CHECK どんな問題に対応するにせよ，「事実」を正確に調べることが重要。また，これが最優先でなされなければ，その後の指導がうまくいかない。

☑ 生徒からの"訴え"には，まず耳を傾ける

"訴え"には2種類あります。1つは被害者ではないが，何らかの情報をもっていてそれを教師に伝える場合です。自分が直接見たとか，被害者本人から聞いたとか，こんな噂があるなどと情報を提供してくる場合です。

もう1つは被害者（と思われる）本人が直接訴えてくる場合です。

いずれも，まだ本当の事実はわかっていませんから，「（加害者の）A君は許せないね」とか「すぐにA君を指導します」などと，教師側の考えや指導の手順を安易に伝えてはいけません。

よくある「いじめ問題」などの影響を受けて，学校側がそんな姿勢でいいのかと思う人もいるかもしれませんが，重大ないじめ事件に発展してしまった後に，「いま振り返ってみると早期に対応すべきだった」と弁明しているのは，事実をきちんと調べもせずに，結果から遡及的に解釈したためです。

遡及的解釈ではなく，訴えの時点で事実を明らかにすることによって，勘違いなのか，一過性のものなのか，継続的で重大なものなのか，などの判断が正確にできます。

いずれの場合も，事実を正確に調べることがまず緊急にするべきことですが，しかし，訴えてきた本人たちには「もし，それが本当ならば許せません」「事実が確認できたら，すぐに指導します」と言います。そういう姿勢

を明確にしなければ，訴えてきた意味がなくなり，学校に対する信頼感はなくなります。もし，被害が事実なら不安になり絶望することでしょう。

☑ "事実"を時系列で徹底して調べる

まず，訴えてきた本人たちから事実調べに入ります。本人たちの思い（感情や解釈）を聞きながらも，❶時系列的に，いつ何時ごろ，❷どこで，❸誰から，❹やりとりの言動そのもの，❺周りにいた生徒の様子，を聞きます。

そうすると中心となっている加害者（と思われる生徒），そこに加担した（と思われる）生徒，その場面を見たと思われる生徒がわかります。

そこで，その日のうちに事実調べの手順を決め，どんなに遅くても翌日には調べ始めます。関わった人数が多ければ，同時に聞かなければなりません。嘘をついて口裏を合わせられると事実の確定ができなくなるからです。

次に，それぞれの生徒から聞いた事実をつき合わせて事実の確定に入りますが，一度や二度でぴったりと合うことはほとんどありません。場合によっては，見ていた生徒からも事実を確認する必要が出てきます。調べる教師側の聞き方などによっても，生徒の答え方には差が出ますので，生徒を個別に待たせて手際よく調べなければいけないこともあります。

できるだけ，事実の確定はその日のうちに終わらせ，内容によっては数時間はかかるのが普通ですから，関係した生徒の全ての保護者にも事情を連絡しなければいけません。その意味でも事実の確定が必要なのです。

このように事実の確定作業には相当な時間を要しますが，どんな仕事や会合よりも最優先しなければいけません。その応援体制をとり，経過を細かく確認し不備があれば軌道修正するのは，生徒指導主事の役割です。

生徒指導主事は，意外と時間のかかる「事実調べ」が正確にできるような段取りを組む。また，最優先で進むように徹底する。

第2章 生徒指導の基礎の基礎

生徒の座席に鈍感な教師ではいけない

　30歳になった卒業生の岡田君と金子君が遊びに来ました。卒業して5年後に渡辺さんと吉川さんに会いました。そのころ，私の学級では井上さんと上田さんは大の仲良しでした。まだまだいました。そういえば私も中学のころ山口君という親友がいました。

　みなさんは気がついたでしょうか。この2人組は学年当初の4月の出席番号順に並んでいた時に，前後左右の座席に座っていたので友だちになり，そのまま今も親友の関係になっているのです。通路を挟んで知り合いとなった2人組もいるでしょうから，実際にはもっといたはずです。

　新しい学級になり不安な時に，偶然近くになっただけで一生の友人になることもあるのです。座席とはこんなにすごいことなのです。

　その座席が，逆に悲劇を生む場合もあります。2010年に横浜市内の女子高校で，席替えをきっかけに隣の生徒を刃物で刺すという事件がありました。「席替えで刺傷事件まで起きるものなのか」と衝撃を与えました。

　同じ2010年には群馬県桐生市の小学6年生が自殺しました。5年生からいじめが始まり，6年生になると仲間はずれにされて，班ごとで食べる給食は女児の班では他の児童が勝手に別の班で食べ，女児は1人で食べていました。

　女児以外はみなグループで食べ，女児だけ「あなたには友だちがいないのよ」と毎日さらし者にされているのですから，これほど屈辱的なことはありません。この事件は「いじめ自殺事件」の第3のピークと呼ばれた時の1つです。

　一時騒がれた大学生の「便所飯」もそうです。学食で1人で食べて「友だちのいないやつ」と見なされるのを避け，「トイレ」で食べるそうです。

　席替えは一生の友を得ることもあれば，死を選ばざるを得なくなることもあることを教師は肝に銘じておかなければいけません。

第3章
指導方針と目標をつくる
〜リーダーシップを発揮するための「考え方」〜

　生徒指導主事には自校の生徒指導の方針と目標をつくるという重要な仕事がありますが，これは生徒指導主事のリーダーシップなしにはできません。

　しかし，これはなかなか難しい仕事です。ほとんどの学校では，つくってあっても誰も覚えてはいない，何年も変わらない，という状態です。

　それは抽象的だからです。第3章では具体的な方針と目標をつくるための「考え方」を紹介します。

Chapter 3

第3章
指導方針と
目標をつくる

27　全体の情報を集めて分析する

問題を起こした生徒だけに対応していると，その人数が増えてきて対応に追われることがある。この場合は，学級や学年，学校全体が「構造」的に何かおかしいと思わなければいけない。

☑「荒れ」が全体に広がってきた

　第1章の**心得8～10**で述べた情報を収集するシステムや共有，記録などについては，主として生徒個人の情報に関するものです。その結果，取り組んで問題が解消されるなら，それはそれでいいわけです。

　ところが，なかなか解消されずに学級全体に広がってきたり，他の学級に波及したりするようであれば，もはや表に出てきた問題に対応するだけではいけません。このような生徒指導は，治療的生徒指導といって，問題が起きてから対応するわけですから，特に大きく荒れてくると際限なく続きます。

　そこでどうしても必要な生徒指導が，開発的生徒指導といわれている生徒指導です。そもそも問題行動を起こす必要のない学級集団や学年集団をつくらない限り，A君の問題が解消されても，今度はB君が問題を起こし，B君の問題が解消されるころには，またA君が問題を起こします。

　「そもそも問題行動を起こす必要のない学級集団」とは，**心得16や19**で述べた「基本的欲求」を満たせる学級集団です。人がもっている「基本的欲求」というのはそのほとんどが他者との関係で得られるものです。自分に自信をもてるのも他者からの評価があるからです。思弁的な世界だけで得られるものではなく，自分の能力や個性も他人が見つけてくれるものなのです。

　そのためには他者と関われる豊かな活動が学級には不可欠です。逆の場合

を考えてみればすぐわかります。もし，あなたの学校や学級が係活動も委員会活動も形骸化し，行事は教師主導でさっさと終了し，盛んな部活動はいくつもない，などという状態であったならば生徒はいったいどこで活躍しますか。授業だけでは，勉強の得意な生徒しか輝くことができません。

☑ 全体の「構造」を変える

　このような学校や学級は，もはや担任だけの力では変えられません。担任だけでなく，管理職はもちろん学年主任や教務主任も含めて，学校・学年全体の「構造」を変えないと，不可能なのです。

　この「構造」を変えるには，学校行事や学年行事の種類，取り組み方，日数，放課後の学級活動の時間の保障，などが検討されなければいけませんから，誰かが問題提起をしなければ，通常自然に変わることはありません。

　生徒指導主事がこの問題提起をしなければいけません。例えば，多くの学校にある合唱コンクールならば，生徒主体にするには実行委員会形式なのか，既存の委員会形式なのか，各学級の選曲はいつまでか，指揮者の決定はいつまでにして講習会を開くか，パート練習は早めに始めるために練習場所の予定表をいつまでに出すのか，道具の貸し出しはいつにするか，などと。

　このようなことに緻密な計算がないと，合唱指導のうまい担任がいるか，合唱の上手な生徒の多い学級がいつも優勝することになります。終わるとそれ以外の学級は意気消沈してしまうような行事では何にもなりません。

　各学級も同じです。係活動も形だけ，行事には最低限しか取り組まない，あるのは厳しい規律の要求だけというのでは，まじめで勉強の得意な一部の生徒しか活躍できません。

心得 27　学級や学年，学校全体の構造を変えるには，全教職員の認識を変えなければいけない。この問題提起は生徒指導主事が中心になる。

第3章　指導方針と目標をつくる　67

第3章
指導方針と
目標をつくる

28 目標は具体的に設定する

CHECK 学校には「生徒指導目標」がある。ところが，大半の学校は抽象的で完璧すぎて，1年間覚えている教師も，常にその目標をめざして教育活動を行う教師もいないのが実態ではないだろうか。

☑ 抽象的で完璧な目標は，お題目になるだけ！

　企業ならば数値目標があるのは当然ですが，教育活動には数値目標はそぐわないと思う人が多いと思います。教育活動には一理ありますが，生徒指導に限ってはそうとは限りません。

　例えば治療的な生徒指導に追われている学校があり，毎年，5人も6人も授業に出ずに校内を徘徊しているとします。次の2年生にもすでに2人の徘徊者がいます。たった5，6人いるだけで，学校というところはその生徒たちに専門に対応する教師は1人も配置されていませんから，大変な労力がかかりますし，通常はさらに荒れが加速化します。

　このような場合は，一挙にゼロにしようなどという目標を掲げる必要はありません。毎年徘徊者が出るのには，深いわけがあります。たいていは**心得27**で話したような「構造」的な理由があるのですから，とても難しいのです。

　そこで例えば「これ以上は徘徊者を増やさない」という目標にします。ですから，上述の2年生なら3人目を出さないという目標になります。5，6人いるなら「2人は減らそう」などとなります。何と消極的な生徒指導だと思われるでしょうが，そうではありません。もし，このいっけん消極的な目標が達成できたら，全教職員で「なぜ，達成できたのか」を分析することです。

☑「なぜうまくいったのか」のほうが大切

　私たちは「なぜだめだったのか」を考えようとしますが，「なぜうまくいったのか」を考えたほうが，次の生徒指導に活かせることが多いのです。アメリカの犯罪心理学者ハーシは「人はなぜ逸脱者とならないか」という逆の視点で，「人はなぜ逸脱者となるのか」を研究した人ですが，こういう視点もあるのです。

　先の例ならば，「なぜ3人目は出さずにうまくいったのか」「なぜ2人減らせたのか」を分析するのです。そうすると，そこには偶然ではない，意図的な働きかけ，取り組みがあったはずです。

　例えば，勉強の面倒をみた，保護者と何度も相談したら保護者が本気になった，たまたま行事で活躍したのがそのまま学級内でも認められるようになった，などと。次年度はこのことに意図的に取り組みます。

　このような分析は，はっきりとした数値が目標になっていたからできるのです。抽象的で完璧な目標を掲げて，「徘徊者をなくそう」だとか，「規律のある生徒を育てよう」などという目標では，1年間が終わってもいったい何をどう反省し分析すればいいのかは見えません。残るのは，徒労感や絶望感だけです。

　なお，このような具体的な目標として学級レベルなら「文化祭ではA君，B君，Cさん，Dさんを，体育祭ではEさん，F君，G君を活躍させよう」などでもいいわけです。とにかく目に見えて具体的であることです。

　このような生徒指導のコツはやはり生徒指導主事の大切な役割ですから，ベテラン教師の協力ももらって，学校全体に「考え方」を広めることです。

振り返って分析しやすい具体的な目標をもつ。いろいろな意見が出るだけで終わる分析しにくい目標は，目標そのものが適切ではなかった，と考えるべき。

第3章
指導方針と
目標をつくる

29 「一致した指導」と教師の個性

CHECK 指導方針を実行するには，全教職員が同じことをしなくてもいい。
教師にはそれぞれの個性があり，得意不得意もあるのだから，そ
れを無視して同一行動を要求してもうまくいかない。

☑ 「一致した指導」とは？

　生徒指導というのは，全教職員が一致して指導に取り組むものだと当然の
ように言われることがあります。この言葉自体に誤りはありません。

　しかし，一致して取り組むという意味は，同じ目標に向かっていくという
ことであって，全員が同じ行動をとるわけではありません。

　例えば，一軒の家には通常は父親と母親がいるように，学校にも父親のよ
うに厳しい教師と母親のように優しい教師がいたほうがいいのです。もちろ
ん，父親のいない母子家庭ならば，誰かが父親の役割をするか，母親が父親
の役割も兼ねればいいのです。子どもの教育には厳しさと優しさの両方が必
要だということです。

　もし，学校が厳しい父親のような教師ばかりであっては，生徒は息苦しく
感じ，本音を言えないかもしれません。反対に，優しい母親のような教師ば
かりだったら，わがままな言動に歯止めがかかりません。

　わがままな言動を厳しく戒める父性と，優しく包み込んで気持ちを理解し
てくれる母性がバランスよく存在することは，教育の初歩的な原理です。

　担任はその両方を兼ね備えていなければいけませんが，そうはいかないの
が問題行動の対応です。

　例えば，暴力などの大きな問題は，かなり厳しく対応しなければいけませ

70

ん。厳しく対応する役割の教師は，「君にどんな理由があろうと暴力による解決は許せない」と言いながら，「君が腹が立ったのはわかるが…」とは対応できません。後半の部分は優しく包み込む役割の教師が「そうか，それで腹が立ったのか。理由もなく，暴力を振るったわけではないんだね」と気持ちには理解を示し，話をよく聞いてやります。

☑ 個性や得意不得意を活かす

　父性的な教師は男性教師，母性的な教師は女性教師ということもありません。男性教師にも厳しく対応するのは苦手だが，じっくりと話を聞くのは得意という人もいます。

　また，生徒指導の最前線は苦手だが，行事の取り組みは得意だという人もいます。こういう教師には，学年・学校全体で生徒を主体にした取り組みをやってもらうのです。これも生徒指導なのです（開発的生徒指導）。

　学習指導なら得意ですという教師には，放課後には学習の遅れている生徒を集めて面倒を見てもらいます。係活動を活発にするのが得意な教師がいれば，自分の学級だけでなく，他の学級の生徒にもそのコツを教えてもらいます。これも生徒指導の１つです。

　教師集団が同じことをするのではなく，生徒指導の各分野に適した教師がその役割を担うのです。そして，学校のすみずみまで多くの生徒が活躍できる場所をつくるのが，生徒指導の目標の１つです。最前線で一部の荒れた生徒と厳しく相対するというのは，生徒指導の一場面に過ぎません。

　生徒指導主事は，生徒指導の各分野でどの教師が最適なのかを見極めるために，普段から教職員とコミュニケーションをとることが必要です。

生徒指導主事は教師の個性，得意不得意を見極めて，それぞれの教師に適切な役割を担ってもらう。それには普段からの人としての付き合い，コミュニケーションなどが大切。

第３章　指導方針と目標をつくる　71

第3章
指導方針と
目標をつくる

30 100%正しい方針はない

CHECK 生徒指導には迷いがつきものである。それは，こうやれば必ずこうなるという答えがないからだ。確実な答えがないことは批判がしやすい。批判されるといっそう迷うことになる。

☑ 迷いはストレスを生む

　コロンビア大学のシーナ・アイエンガー教授の有名な実験に「24種類のジャムを並べて売るよりも，6種類のジャムを並べて売るほうが6倍の売り上げだった」という実験があります。通常，種類が豊富なほど客は買いやすく，よく売れるはずだと考えがちですが，実際には比較対象が多ければ多いほど客は迷いストレス状態になり，買う意欲が低下するらしいです。

　若い時私は，荒れた学校に勤めていました。生徒指導上のことで何を話し合っても，「Aだ」という人がいれば「Bのほうがいい」という人がいます。「では，Bにしましょう」と言うと，今度は「Cではないか」という人が出てきます。

　私自身の中でも「Aだ！」と思っても，「もしかすると，もっと正しい方法があるのではないか」と迷いました。

　こういうふうに迷うのは，生徒指導には「こうやれば，必ずこうなる」という正解のない世界だからです。10人の生徒が問題を起こせば，そこには10通りの指導方法が必要になります。同じ生徒が同じ問題行動を起こしても，指導する教師が違えば指導方法もまた違ってきます。

　正解のない世界ですから，当然迷うことになり，その結果ストレスが溜まります。このストレスのため教職員は精神疾患に罹る割合が高いのでしょう。

☑ 正しさは30%でも，まずやってみる！

　もともと生徒指導には100%正しい方針はないと思わなくてはいけません。
　かりにそういうものがあったとしても，事前に知る方法はありませんから，100%正しい方針を求めると迷うことになります。
　それよりも，明らかに教育的ではないとか，人権上の問題があるなどという害さえなければ，正しさはたったの30%（？）でもいいのです。そして，実践した結果を振り返り，またわずかの正しさを積み重ねていくのです。
　生徒指導というのは，このようにしてしか比較的いい方針はつくれないもので，100%正しい方針を求めてもたどりつくことはできません。
　例えば，「授業に出ずに徘徊する生徒をどうするか」という問題があります。これは今も各地で起きていることです。これには「こうすればいい」という答えがありません。すべて事情が違うからです。
　ある中学校はこうやりました。数クラスの十数人の生徒がトイレや保健室に行くことを口実に教室から出て，そのまま徘徊します。そこで改めて「休み時間に行きなさい」と全員に宣言したら，3人減りました。7人は言うことを聞かないので，授業のない教師が廊下にいて「だめだ！」と厳しく叱責しました。すると2人減りました。まだ5人は残っていましたが，この段階で先生たちは「何だ，厳しく教師側の姿勢を示せば減るんだ」と思ったそうです。次に，苦肉の策で「徘徊した時間の授業は，放課後に補習をやる」と宣言したら，その補習に3人が来るようになり，驚いたそうです。結局「相手にして欲しかったのだ」ということがわかり，人間関係も好転し，教室にいることが増えたそうです。迷わずに，まずやってみることがコツなのです。

いろいろな意見があっても比較的実行できると思った意見で迷わずに実行する。生徒指導主事は，その決断をする重要な中心者である。

第3章　指導方針と目標をつくる

第3章
指導方針と
目標をつくる

31 「外科的治療」と「内科的治療」

 CHECK 問題行動の対応というのは，医者の治療行為と似ている。治療には外側から治す外科と内側から治癒に向かわせる内科があるように，生徒指導にも「外科的治療」と「内科的治療」がある。

☑ 生徒指導は外科と内科の治療を併用

　起きている問題に対する指導方針をつくるコツは，「外科的治療」と「内科的治療」の両面から考えることです。

　ただし，実際の病気ならば「内科的治療」だけで完治したら，「外科的治療」は必要ありません。例えば，胃が痛むという場合に，薬を飲んで治れば手術をする必要はありません。

　ところが，生徒指導はそうはいかないことがほとんどです。例えば，「校則違反」ならば，「直しなさい」と指導しても，一過性の場合か一度やってみたかったなどという程度の場合以外は，まず直すことはありません。何度も繰り返すのが特徴です。「直しなさい」という指導は「外科的治療」に当たりますが，生徒自身の個々の内に守ろうという意識を育てなければ「校則違反」は直りません。これが「内科的治療」です。

　しかし，「外科的治療」に意味はないということではありません。「違反を直さなければ教室には入れない」という外科的治療の是非はともかくとして，教師集団が「認めません。直しなさい」と意思表示することは当然です。この意思表示も外科的治療の1つです。

　同時に「なぜ違反をするのか」という「わけ」を探り取り組むのが内科的治療です（→**心得17**）。病気と違い，生徒指導はほとんどが両面からの治療

74

を併用することになります。

　学校が落ち着いていると，とりあえず外科的治療だけで生徒は従い直すことが多いので，教師集団は時間のかかる内科的治療にはついつい手を抜いてしまいます。そして外科的治療だけでは直らないことに気づくことになるのですが，その時にはすでに遅いということになります。

☑ 問題によって治療の重点がある

　外科と内科の治療を併用しますが，問題行動によっては比重のかけ方が違います。

　「校則違反」ならば，外科と内科の治療を併用します。「直しなさい」と指導しながらも，守れない「わけ」に集中的に時間をかけることもあります。

　これが「授業の妨害」や「校内の徘徊」などであれば，まず外科的治療として対応します。

　この時に「何かわけがあるのだろうから，まずそこを探りましょう」などとのんきなことを言っていてはいけません。「絶対に認められません」という厳しい姿勢をまず示した上で，内科的治療にも取り組みます。

　ところが，「暴力」や「いじめ行為」などの直接被害者が出る問題の場合は，被害者の安全を守ることが最優先されなければいけませんから，圧倒的に外科的治療の比重が重くなるのは当然です。この外科的治療にある程度の効果が出ない限り，内科的治療には取り組めないことすらあります。

　このように指導方針のつくり方のコツを知っておくと，生徒指導主事は指導方法の「考え方」が整理されると思います。

問題行動に対する指導方針は，その問題行動によって外科的治療を優先させるのか，内科的治療も併用しながら進めるのか。ここを見極めていくのが生徒指導主事の役割。

第3章
指導方針と
目標をつくる

32 合意を形成する

CHECK 組織の発展には多様な意見や異論が出ることが望ましい。その代わり合意の形成には時間がかかる。合意が形成されなければ生徒指導はばらばらになり，せっかくの多様な意見も異論も無になる。

☑ 合意の形成ができるかどうか

　本書で何度か指摘してきたように，生徒指導の世界には100% 正しいというものがありません。子育てに100% 正しい方法がないのと同じです。

　ですから，10の問題行動には10の指導方法がありますので，マニュアルのつくりにくい世界でもあります。

　そのため議論が百出するのが，この世界です。議論が沸騰するのはいいものをつくるには必要なことですが，沸騰したまま合意が形成されないと，当然今度は不満に変わり，批判や非難に変わっていきます。

　例えば，「あの学年の指導のせいで，他学年が荒れた」「あの先生に指導力がなかったために，あの学級から荒れが広がった」という特定の学年や教師個人の生徒指導を批判するものから，「生徒指導部が方針を出さないからだ」「この学校には生徒指導がやれる先生が少なすぎてだめだ」などという抽象的な批判まで，およそ理性的ではない批判が渦を巻きます。

　そうなると，指導はばらばらになり，生徒指導の分野では成果は出ません。このような段階では合意の形成は至難の業です。

　生徒指導部は，「合意の形成」という難問にどうしても挑まなければいけません。これを放置しても，時が経てば自然に合意が形成されるということは絶対にないのですから，生徒指導部がやらないといけません。

☑ 中途半端ではなく，徹底した議論

　こういう状態から脱するには，一度徹底した議論をするしかありません。いつも中途半端に終わるからだめなのです。

　多くの学校は，年度末の職員会議で議題の１つにしたり，「学校評価」の中の１項目として取り上げたりなどという程度ですが，これでは自校の生徒指導は「何が問題なのか」「どうすればいいか」を明らかにすることは，およそ不可能なことです。結局，時間切れでまたの機会に延期するか，誰も納得していない当たり障りのない文言でまとめて終わることになります。

　私の知っている関西のある学校は荒れ始めてきた時に，大胆な会合を全教職員に提案しました。

　教職員間でも意見や考え方の違いがあり批判も出てきたため，軌道修正の必要性を感じた生徒指導部は，管理職と相談し，夏休みに入るやいなや部活動を３日間中止し，女性教師や条件の悪い教師も全員が参加できるように，７月のうちに日程を提案し，その日は全員が参加できるようにしました。

　そうして実行した会議が，初日と２日目で十数時間に及んだそうです。

　３日目は学年ごとに具体的な取り組みを相談しました。

　どの教師も「いい学校にしたい」「効果のある生徒指導をしたい」という点では一致していますから，徹底した議論に満足したようです。いつも中途半端に終わる議論に辟易していたというのが，意外にも本音だったようです。

　この会合でリーダーシップを発揮した生徒指導主事の"会議２原則"は，❶納得いくまで徹底的に議論しよう，❷批判をしてもいいが，必ず対案を具体的に言おう，の２点だけだったそうです。

生徒指導主事は，教職員間の不満や批判に常に耳を傾け，合意をどのように形成するかという知恵をもつこと。合意の形成ができないのは，生徒指導主事の責任だと思うべきである。

第３章　指導方針と目標をつくる　77

第3章
指導方針と
目標をつくる

33 「PDCA」はA→Pが問題

CHECK 教育活動に限らず，何かに取り組む時は実践と修正の繰り返しである。とりわけ生徒指導の世界は，この繰り返しをしないと，実践を発展させることはできない。

☑「PDCA サイクル」とよく言われるが？

新しい言葉が現れると，何かそれまでのものが古くて遅れた方式かのような印象を与えます。

「PDCA サイクル」という言葉もそうです。P（Plan ＝計画）D（Do ＝実行）C（Check ＝評価）A（Act ＝改善）を継続的に行うことです。

そうすると，何も新しいものではないことがわかります。このようなサイクルは日常的に行っていることで，家事仕事の効率化や，仕事の仕方を合理的にするためには誰でも考えるものです。

本書でもすでに PDCA の4つそれぞれについては述べてきています。ここでは改めて，PDCA の繰り返しの大切さと学校現場の弱点を述べましょう。

Pは「計画を立てる」ことですが，多くの学校は「本年度の目標」として具体的な目標と取り組みを設定します。しかし，抽象的であったり，具体的な取り組みが明らかでなかったりするとお題目で終わります。始点がはっきりしていないのですから，このサイクルは機能しません。

Dでは「立てた計画を実行」しますが，教育活動には多くの場面がありますから，最低，月1回程度の実施状況と確認の場がないと，ついつい手を抜いてしまいます。特に，若い教師を応援する体制がないと難しいです。

Cは「実行した結果を評価し点検する」ことですから，結果を確かめる方

法をもっていないと正確には把握できません。最良の方法は「アンケート調査」などですが，ここまではできなくても生徒の意見を直接聞くことをしなければ，なかなか結果を確かめることは難しいでしょう。

Aでは「点検したことに基づいて改善」します。つまり修正するということです。

☑「PDCA」のA→Pがない学校！

これらのPDCAの4つはけっして不可能なことではありません。逆に言えば，これくらいの計画→実行→点検→修正がなければ教育実践は進みませんから，不十分であっても，多くの教師はやっているわけです。

例えば，教師は「こうしようと思って，やってみたが，うまくいかなかったから，今度はこうしてみよう」と考えて，日々の授業をやったり，学級の問題に取り組んだりしているわけです。

ところが生徒指導という分野は，担任が個人的に取り組む程度の問題であれば，それでもいいのですが，多くの問題は学年全体，学校全体で取り組み，しかも継続的に行わなければ成果の表れないものが多いです。

そうなると，学校全体で組織的にPDCAを繰り返さないといけません。

しかも，このサイクルが年度末の年1回ではほとんど意味がありません。次年度で学級の構成も担任も替わるのですから，やり直しがききません。そのため，毎年PDCAの1回で終わるとA→Pにつながらずサイクルの継続性が失われ，同じ失敗を毎年克服できないということが起きます。

A→Pにつなげることが，実は生徒指導の成果を出すコツなのです。この仕事こそ生徒指導主事の重要な役割です。年2回のサイクルが最適です。

「PDCA」の4つそれぞれは，不十分でも学校現場では誰もがやっていること。A→Pにつなげてサイクルにできるかが問題。これができると生徒指導は飛躍的に成果を表す。

第3章
指導方針と
目標をつくる

34 「根っこ」を見つける

"見えない" 荒れというのがあり，じわじわと広がると大きな荒れになっていく。はっきりとした目に "見える" 荒れよりもやっかい。「根っこ」を見つけよう。

☑ 「見えない荒れ」はやっかい

　目に "見える" 荒れと，"見えない" 荒れがあります。暴力や授業妨害などは目に見える荒れです。これらはとりあえず誰を指導すればいいのかは，見えるのでわかります。

　ところが，見えない荒れというのがあります。例えば，小学校高学年の学級崩壊の初期や，中学校で学年全体が荒れていく初期などに見られます。この初期の状態を放置したり指導に失敗したりすると，本当の学級崩壊や学年全体の荒れに発展しますから，重大な時期なのです。

　しかし，なかなか見えにくいため指導がしにくいのです。

　例えば，教師が「こうしましょう」と提案しても，どこからも返事が返ってきません。実際，誰も実行せず無視されます。冷やかしや揚げ足取りが飛び交ったり，特定の誰かの言動を全体が無視したり，独特の冷たい空気が流れたりなどは，いじめや荒れの初期にはよくあります。

　学級全体が授業に集中できないが特定の生徒ではない，廊下やトイレがとにかく汚されるがこれも特定の生徒ではなく，広範囲の生徒に広まっているということもよくあります。

　そして最大の特徴は，誰も問題にしない，聞いても「私ではない」「私は関係ない」と無関心か無関係を装うことです。

問題が見えそうで見えない、息の詰まりそうな「荒れ」を"見えない"荒れと言います。教師側には強烈なストレスが溜まり、見たくないし考えたくないので逃げたくなります。

☑「根っこ」を見つけるコツ

あわててはいけません。珍しいことではなく、荒れていく初期にはどこでも起きる特徴ですから、自分の学級や学年だけで起きたわけではありません。

とことん「根っこ」を追究しましょう。「根っこ」を見つけないことには指導方針が立てられません。まず、話を聞ける生徒から様子を聞きます。被害者のいる現象なら、被害者本人に「君は気づいていないかもしれないが、君の言動に対して冷たい空気が流れる気がするけど、君はどう思っている？」と聞き、そこを手がかりに、「根っこ」を探します。廊下が汚されるなら、「いったい、ゴミを誰が捨てるの？」「ゴミが落ちていると、感覚が麻痺してみんな落とすようです」「じゃあ、最初のゴミは？」などと「根っこ」を追究します。時には、休み時間の学級や廊下にいてそれとなく様子を見ています。必ず「根っこ」につながる何かが発見できます。

生徒指導の世界は人を対象にした世界です。人の心の内を知ることは難しいものです。しかも、思春期の子どもです。大人の言動は予測しやすいのですが、この時期の子どもたちの心の内は容易にはわかりません。

心の内に近づくコツは、「よく観る」「よく聴く」です。「見る」「聞く」ではありません。そこから手がかりを得て、「根っこ」に近づき、指導方針を立てます。

マニュアル本に頼っては生徒指導の力はつきません。

「よく観る」「よく聴く」は生徒指導の方針を立てる時のコツ。すぐに指導方針の立てにくい問題は、まずここからやってみると、案外手がかりは見つかる。

第3章　指導方針と目標をつくる

第3章
指導方針と
目標をつくる

35 指導のレベルには違いがある

教師は1日に実にたくさんの指導をする。その全てを完璧にやろうと思っても不可能。指導に軽重をつけなくてはいけない。これも指導方針をつくるコツの1つ。

☑ 教師は1日に25回は叱る

　私の計算では教師は1日に25回, 1年で5千回, 2年で1万回, 定年までに20万回は叱るようです。荒れている学校に勤めるとさらに増えます。

　本当でしょうか。もちろん,「叱る」には「注意する」レベルから, 本気になって「激怒する」もの, じっくりと「説諭する」ものまで含みます。

　担任なら朝から放課後まで指導の山です。「遅刻」「提出物の回収」「教室内の公共物の使い方」「教室を汚さない」「授業遅刻」「私語」「忘れ物」「宿題」「掃除」「昼食」「持ち物」「集会の整列」「下校」などの毎日の生活上の指導と, さらに「服装や頭髪」「いじめ」「トラブル」などのいわゆる「問題行動」の指導があります。すると, 本当はもっとあることがわかります。

　「褒める」よりも,「叱る」のはエネルギーを使います。相手との人間関係をふまえますし, 言葉も選んで神経を使うからです。よその隣の子どもを褒めてやる時と叱る時のどちらが簡単かを考えれば, すぐにわかります。

　ですから, 担任というのは大変な仕事だと思います。1日25回に同じエネルギーを使う必要はありません。軽重をつけます。

☑ 指導のレベルを3つに分ける

　レベル1：100%はめざさない指導で, 例えば「教室を汚さない」「私語」

などの指導がこれにあたります。重大な被害者が出るわけではないから，徐々に守る生徒を増やしていくことに重点を置きます。

　もちろん，「根っこ」（→心得34）を見つけて「根っこ」に取り組みますが，一方では「それはよくない」という賛成者・同調者から守り始めます。3人いれば始められて，その3人が友だちに広げるという方法です。3人がたった3人の友だちに広げると，賛成者は9人ですから，学級の25%になり一大勢力となります。

　この指導のポイントは教師が賛成者と事前に作戦を立てることです。例えば「私たちは授業中の私語はしません」とクラスで宣言し，この宣言を盾にして守りやすくする方法です。こうして同調者を少しずつ増やします。

　レベル2：何らかのシステムをつくって，指導の負担を減らして取り組む指導で，生徒の力を借りて取り組むのが特徴です（→心得36で詳しく）。誰がやったかわからず，放置できない問題に最適です。「公共物の破損」や「落書き」などの指導です。

　レベル3：最優先する指導です。暴力などの犯罪行為，他人への「嫌がらせ行為」や「いじめ」など，他人の安全・安心を脅かす言動ですから，最優先で取り組み，解決するまで指導を続けなければいけないのが，上の2つと違うところです。ただし，根が深い問題であることが多く，また指導経過の確認も必要な問題への指導ですから，通常は生徒指導部と相談し，しっかりとした指導方針を立てて指導しなければいけません。

　若い教師は，この軽重をつける判断はできません。こんなことは大学では教わりませんから，生徒指導主事の助言が必要です。

指導のレベルには3種類ある。賛成者・同調者を増やしていく指導。システムをつくって取り組む指導。最優先でしっかりと指導方針を立てる指導。生徒指導主事はこれらを見極める。

第3章
指導方針と
目標をつくる

36 問題行動へのおもしろ対応

CHECK　生徒指導には烈火の如く怒らなければいけない問題もあるが，楽しみながら生徒指導に当たるほうがいい問題もある。

☑ 指導を「遊び」「ゲーム」化する

　例えば，教室に置いてあるほうきがよく壊されるとします。学級が荒れていく時にはよくあることです。当然，翌日の朝の会で担任は怒ります。しかし，また壊されます。まるで担任が怒るのを楽しむかのように繰り返されます。「やった人は名乗り出なさい」などと言っても名乗り出るものではありません。

　落書きなどもそうです。消しても消しても繰り返されます。誰がやったかがわかれば指導もできますが，この種の問題は誰かが見ていない限り確たる根拠はありませんから，うかつには指導はできません。

　この種の問題には「遊び」か「ゲーム」のように，楽しみながら対応します。すると，やった生徒は"やりがい"がなくなってしまうのです。

　「なんだよ。楽しんでるよ」と思わせるのがねらいです。すると，ばかばかしくなりやめてしまいます。

　ほうきが壊されたら「ほうき修理隊」を組織し，昼休みに廊下で「修理隊」が直します。何人もの生徒で楽しそうにわいわいやっているのですから，通りがかった壊した生徒は内心は拍子抜けするはずです。帰りの会では担任は直したほうきを見せて「実にうまいね。りっぱなものだ」と褒めます。

　落書きも同様に「クリーン隊」を組織して，専用の溶液で消します。

隊長にはこういう修理好きな子，器用な子が適任ですが，学級に1人や2人はいるものです。私が現職の時に，たまたま父親がリフォーム工事の職人さんで，父親の知恵を借りてきて何でも直してしまう生徒がいました。勉強は苦手でしたが，ここでは大活躍していました。
　そうすると壊す側もやる気が失せたのか，破損は激減しました。

☑「けんか」や「いじめ」にも取り組む

　同様の発想で，「けんか防衛隊」をつくります。特に1年生くらいの時は，まだ人間関係もできていないためにけんかが多いです。そこで「防衛隊」をつくり，遊びの1つにしてしまいます。
　「けんか」が起きそうな雰囲気を察知したら，「ちょっと待って，落ち着こう」「まずは言葉で解決だ！」などという決まり文句を必ず言うようにします。すると，興奮している2人は「なんだよ。防衛隊か！」と間があき気がそれてしまいます。たったこれだけでかなり減ります。気をそらして間をおくことが目的なのです。決まり文句は5種類くらいつくっておき，事前に学級（学年）全体に「防衛隊」の存在を知らせておくのがコツです。
　「いじめ」には「いじめ防衛隊」です。これにも決まり文句を用意しておきます。「つまらないからやめよう」「いじめはみじめだ」など。「防衛隊」までいかなくても「影の報告隊」でも十分です。ただし，この「いじめ」問題が難しいのは，仕返しを恐れることと，生徒には何がいじめか判断ができないことです。やはり，いじめは教師が率先して取り組む問題だと思います。
　このように生徒も先生も楽しみながらやる指導があるといいのですが，どこまでは生徒，どこからは教師側という区別をつけなければいけません。

一般生徒が楽しみながら問題に取り組むという方針は，周囲の教師の理解と援助が不可欠である。生徒指導主事はこういう対応の紹介もするといい。

Column

意外な事実！

　意外な事実というのがあり，生徒指導を考える上で役に立ちます。

　参加者に「白いシャツを着たチームが，バスケットボールを何回パスした
かを数える」ことを指示して，あるビデオを見せます。有名な「見えないゴ
リラ」の実験ですが，このビデオの途中で黒いゴリラの着ぐるみを着た人が，
画面の左から右へ悠然と歩くのですが，半数近くが「ゴリラ」に気づかなか
ったそうです。

　注意が白いシャツに集まり，ゴリラを見落とすのは，人は他のことに注意
を向けていたり予期していなかったりすると，たとえ目に見えはっきりと映
っていても見落とすということです。

　生徒指導で「生徒の様子を見る」というのがありますが，何を見るのかが
具体的でないために，見過ごされてしまうのは不思議なことではありません。

　岡檀氏の『生き心地の良い町　この自殺率の低さには理由（わけ）があ
る』（講談社）にも意外な事実があります。徳島県のある町のフィールドワ
ークによって，その突出した自殺発生率の低さの理由を明らかにします。

　通常，人と人とのつながりが緊密であれば，自殺は減るものだと考えます。
「孤独死」などという言葉は，その延長上に生まれた言葉のように思います。

　ところが自殺率の低いその町は，緊密な人間関係はなく「ゆるやかな絆」
が維持されていると言います。赤い羽根募金の募金額も，老人クラブ加盟率
も周辺地域では最も低いのだそうです。

　「緊密な人間関係」よりも「ゆるやかな絆」が自殺予防の重要な因子の１
つであることに意外な驚きを感じます。

　しかし，今の子どもたちの世界でも，この「緊密な人間関係」に息苦しさ
を感じたり，他に対しては排他的になり「いじめ」が発生するのですから，
意外な事実ではないのかもしれません。

第4章
問題行動の指導と対応
〜あらゆるケースに
応用できる「考え方」〜

　第1章から3章では，個々の問題行動を例にあげながら生徒指導全般に関して述べてきました。

　ここでは「問題行動」に視点をあてて，指導と対応の「考え方」を述べますが，個々の問題行動にどう対応するのかというマニュアルではありません。

　ここでも「考え方」が重要で，それがわかると指導方針も対応方法も，自ずとはっきりします。

Chapter 4

第4章
問題行動の
指導と対応

37 「いじめ」指導の「考え方」

CHECK
30年以上にわたり「いじめ自殺」が問題になっている。いじめが
減らないのは教師の「いじめ」の「判断ミス」だとされているが，
本当だろうか。

☑ 「いじめ」指導はうまくいっていないのか？

　子ども（小中高生）の自殺は2016年には320人であるように，この5年間でも常に300人を超えていて，中学生の自殺もこの15年間で70人から100人前後，高校生に至っては200人から250人の間を推移しています(※1)。「いじめ」予防だけでは，自殺の再発防止の取り組みは十分ではないのです。

　もちろん，「いじめ」によって自らの命を絶つことが，あってはいけないということは言うまでもありません。そのため子どもの自殺が発生すると，マスコミは「いじめ」があったかどうかをまず追及します。その結果，「いじめ」が学校現場では焦眉の問題であるかのように受け取られますが，それは正しくありません。

　現実の学校現場では，発生したいじめの0.2%前後が重大事態（自殺の企図，重大な傷害や金品の被害，不登校など）に至っています。反対に，90%以上は解決またはほぼ解決しているのです(※2)。

　しかし，この解決している事実はほとんど報道されずに，重大事態のみが盛んに報道されているのです。いじめ自殺が起きると，マスコミによって追及を受けた学校側が最初は「いじめはなかったと思う」，次に「いじめだとは思わなかった」，そして「いじめを見逃していた」と謝罪するパターンが実にたくさんあることに気づいている人も多いと思います。重大事態になっ

た「いじめ」で報道された事件の約3分1以上は，この「いじめだとは思わなかった」という「判断ミス」からきたものと思われます。

☑「判断ミス」が問題なのではない！

　例えば，2014年に起きた仙台市泉区の中学1年生が自殺した事件では，担任は「いじめ」ではなく，「友人同士のからかい」と判断しました。
　翌年に岩手県矢巾町の中学2年生が自殺した事件でも，担任は「いじめ」ではなく「ちょっかい，からかい，けんか」と捉えました。
　2016年に「原発避難いじめ」として盛んに報道された横浜市小学校の事件では，約150万円の金銭授受を学校は「いじめ」ではなく「非行かもしれない」と判断しました。
　このように「いじめ」問題が解決できなかったのは，学校側の「いじめ」の「判断」や「認識」に「甘さ」や「無理解」があるからだと考え，「いじめ」の対策は教師の「いじめ」の判断の正確さや認識を高めることに収斂していくことになります。
　しかし，私はこの対策はほとんど効果はないと思います。なぜなら，人の心の内で感じた苦痛を第三者である教師がどんなに正しく判断しようとしても，「ただのからかい」などの判断も生まれるのは当然だからです。
　つまり，「判断ミス」をなくそうとするのではなく，「判断」をせずに「起きた事実」そのものに取り組めばいいことなのです。実際の学校現場は，この「起きた事実」に取り組むことによって90％以上を解決しているのです。

【参考】※1　警察庁「自殺統計」より筆者が集計。
　　　　※2　文部科学省「児童生徒の問題行動等生徒指導上の諸問題に関する調査」

心得37　「いじめ」の重大事態は，「いじめかどうか」の判断ミスから起きるのではなく，判断すること自体に意味がなく必要ない。

第4章
問題行動の
指導と対応

38 「いじめ」指導のポイント

 「いじめ」の対応とは，起きたその事実に対応することであり，その対応能力を磨くこと。

▶「いじめ」ではなく，個々の問題行動

心得37の仙台市の事件で，担任が「友人同士のからかい」だと判断したのであれば，「からかい」として指導すればいいのです。「からかい」であっても本人が相談してくれば，苦痛を感じているからです。本人が相談に来なければ，本人に確かめればいいのです。およそ苦痛を伴わない「からかい」は遊び以外では存在しませんから，担任はこの「からかい」に対応します。

矢巾町の事件も同じです。担任が「ちょっかい，からかい，けんか」と捉えたのですから，その起きた事実を指導すれば良かったのです。横浜市の事件ならば，いじめではなく非行かもしれないと判断したのですから，「非行」としてなぜ対応しなかったのでしょうか。

「起きた事実」を指導することによって，結果として「これはいじめだ」と判断することはあるでしょうが，指導する前に「いじめかどうか」を判断しなければいけない理由はどこにもないのです。むしろ，「いじめではない」「たいしたことはない」として指導が放置され，重大事態に至るのです。

実際の多くの学校は，この「起きた事実」を指導することによって，90％以上を解決しているのです。「いじめかどうか」を先に判断してから，いじめならば指導するという学校はないはずです。

もともと，「いじめ」は個々の問題行動，例えばちょっかい，冷やかし，

からかい，悪口，物隠し，無視などの「嫌がらせ行為」，「暴力」，「恐喝」という形で発生するのであり，この指導ができなければ，「いじめ」指導はできるはずがありません。

「いじめ」の重大事態というのは，起きたことへの指導そのものが未熟であったからであり，かりに「いじめ」と的確に判断できても重大事態は克服できなかったと思われます。

☑ 指導方法の未熟さが原因

実際，「いじめ」と的確に判断しているのにもかかわらず，重大事態に至った事件は，私が新聞記事等から集計した限りでは，報道されたものの3分の1をしめているのです。

2015年に熊本市の中学2年生が自殺した事件は，「謝罪で一件落着」として指導の結果を確認していませんでした。この種の「嫌がらせ行為」は一度や二度の指導で解決するものではないというのは，ほぼ常識的なことですから，指導の結果を見守り続けなければいけません。

2017年に仙台市青葉区で中学2年生が自殺した事件の場合は，いじめの8件のうち4件は被害者の保護者に，全8件を加害者の保護者に連絡していなかったということがのちに明らかになりましたが，これも指導上では考えられないことです。

このように，「指導の結果を確認する」「保護者には必ず連絡・相談する」というのは，問題行動に対応する際には，ほとんど常識的な対応の1つです。

今問題になっている「いじめ」問題は，個々の問題行動への対応能力を高めずに，いじめの「定義」や「認識」を問題にしても意味はありません。

生徒指導主事は，実際の「いじめ」事件を取り上げて，「いじめかどうかの判断」をするのではなく「起きた事実」を指導する重要性を全教職員に徹底する。

第4章　問題行動の指導と対応

第4章
問題行動の
指導と対応

39 暴力など重大な問題行動の指導と対応

CHECK 教育現場というのは，法的に対応することにはどうしても慎重にならざるを得ない。しかし，法的対応をためらってはいけない場合がある。

☑ 重大な問題行動はやめさせることを優先

　心得17でも述べたように，問題行動には必ず理由があります。その理由に取り組まない限り，通常，収まることはありません。
　ところが，実際の学校現場ではそのような取り組みをする間もなく，荒れが加速化していくことがあります。例えば暴力が起きた時に，理由を探っているからもう少し待って欲しいとか，本人の納得を通じて学校生活を改善させたいので様子を見たい，などというのんきなことは言っていられません。
　まずは，暴力が二度と起きない体制をつくらなければ，学校は無法状態になります。暴力には教師といえども，1人では対応できません。かりに腕力に自信のある教師は身を守ることができても，多くの教師は身を守ることもできません。そのため，一部の生徒は暴力さえ使えば自らの意志を必ず通せる状態になり，こうして無法化していきます。
　その点で暴力は他の問題行動とは決定的に違います。この暴力が教師に対してではなく，一般生徒に向けられても同じです。
　また，暴力に対して"腕力"で対応すれば，際限のない暴力に発展していきます。このような状態になるまで放置し，頼れるのは体育会系教師だけだという学校もありましたが，何年にもわたり暴力の連鎖は断ち切れません。
　このような暴力には，迷わずに「法的対応」をすることです。教育の放棄

だとか，生徒理解を前提に粘り強く指導すべきだという見通しのない美辞麗句で，学校として曖昧な姿勢をとっていると，やがて一般生徒や保護者からも信頼を失います。

☑ 重大な問題行動には「法的対応」

　重大な問題行動とは，生徒や教師の安全な生活を脅かす行為です。暴力や恐喝，金品の強奪などはもちろん，過度な嫌がらせ行為などです。また，集会中や授業中に妨害する言動があれば，厳しく注意したり，指導のために生徒を別の場所に移動させたりするのは当然のことですが，その際に暴力が発生すれば，これも「法的対応」をすべきです。

　このような時に，厳しく注意して興奮させたのがまずかったとか，移動させるために体に触れたのがいけなかった，などという意見が必ず出ますが，これでは生徒が自ら冷静になり反省するのを待つようなもので，ほとんど現実的ではありません。

　今も各地で問題となっている「校内徘徊」なども，その理由を探りながら「徘徊は許さない」という姿勢を貫き，徘徊からさらに授業妨害へと発展しそうな場合には，「法的対応」も辞さないという覚悟をもって対応しなければいけません。

　この場合には年度初めに，事前に「このようなことには，法的対応をします」と宣言をしておくことです。また言うまでもなく，教師側が体罰を行使したり，暴力を誘うような挑発をしてはいけません。

　生徒指導主事は，学校全体の状況を正確に見極めて，全教職員の法的対応に対する合意形成のタイミングを間違わないことです。

生徒指導主事は重大な問題には法的な対応をするという明確な方針をもっていること。生徒指導主事がためらっていては全教職員の合意形成はできない。体罰の禁止を徹底しないと，この方針は行使できない。

第4章　問題行動の指導と対応

第4章
問題行動の
指導と対応

40 その他の問題行動の指導と対応

 最も多い問題は「トラブル」や「嫌がらせ」。これを放置すると，「いじめ」に発展するなど，荒れる学級の一因となる。

☑「トラブル」と「嫌がらせ」の対応に強くなる

　子どもの世界で最も多いのは「トラブル」と「嫌がらせ」です。「トラブル」は「もめ事」と言い換えてもいいでしょう。トラブルは双方向的ですが，嫌がらせは一方的なものですから，トラブルと嫌がらせは全く違います。

　中学1年生の担任になると，このトラブルや嫌がらせは，5月の連休明け前後からは毎日のように起きます。私の経験では，多い学級は毎日5～6件が続きます。4月はお互いに様子を見ながら，自分の居場所を確保するために自分の身の置き所を探ります。1ヶ月ほどすると，大半の子どもは仲間を見つけ学級内のどこかに居心地の良い場所を見つけていくものですが，そうはいかない子たちがいます。すると，満たされない存在感を充足するために，他人を攻撃することによって「自分のほうが上」であることを示し優越感を得ようとする子や，仲間意識を強めるために誰かを標的にして悪口を言う子が出てくるようになります。

　こうして，5月の連休明け前後から子どもの世界では，トラブルと嫌がらせが地殻変動のように起きるのです。

　いわゆる「いじめ」も，この地殻変動の中で起きるトラブルや嫌がらせの中で発生します。文科省の統計でも「いじめ」の80％以上が，「冷やかしやからかい，悪口や脅し文句」と「仲間はずれ，集団による無視」によるもの

だという結果が出ています(※1)。子どもが自らの存在をかけて起こすのですから、この時期に起こす問題を見逃してしまったり、せっかくの訴えをぞんざいに扱ったりしてはだめです。

☑ もつれた糸を解きほぐすような対応

しかし、実際の「トラブル」と「嫌がらせ」の指導はおそろしく面倒なものです。1つに4、5時間以上かかることも珍しくありません。

しかも、「トラブル」と「嫌がらせ」を明確に区別するのは難しく、また一過性のものなのか、重大なものなのか、などということも事実関係を調べてみてわかることですから、調べる前に「これはよくあるトラブルだ」「これは軽微だ」などと安易な判断はしないことです。

教師にとって軽微だと思っても、その渦中にいる子どもは不安を抱えながら登校し、休み時間などは針のむしろに座っている心地かもしれません。

この対応よりも優先しなければいけない会議や事務仕事はありません。

まず、双方の言い分をよく聞きます。片方の言い分を聞くと、もう片方にも言い分があり、さらにその言い分には勘違いや誤解があることもあります。そうやって何度も双方の言い分を確かめて、最後に残った双方が認めざるを得ない「原因となった事実」を、どう考えさせるかが指導です。

許されない事実なのか、ただの誤解した事実なのか、お互いに許せる事実なのか、などが判明するはずです。事実が判明しなくても、言い分を吐き出すことによって仲直りすることも多いです。

まさに堅くもつれた糸を解きほぐすような仕事です。

【参考】※1 文部科学省「児童生徒の問題行動等生徒指導上の諸問題に関する調査」

心得40 生徒指導主事は暴力などの大きな問題だけが重要だと思ってはいけない。いっけん小さな問題を見逃すことから、やがて大きな問題に発展する。

第4章
問題行動の
指導と対応

41 不登校の指導と対応

CHECK 不登校の簡単な歴史から，現在の不登校の正しい認識を知る。不登校の原因は大きく分けると2つある。1つは学校に原因がある場合と，もう1つは本人の心の中で葛藤が起きている場合である。

☑ 不登校についての認識の変化

　日本で不登校が教育課題として認識されるようになったのは，昭和30年代からですが，当初は「学校恐怖症」と呼ばれていました。学校に対して，強い不安や恐怖を抱く特定の子どもに起こる現象とみなされ，本人の性格・傾向などに問題があるという認識が一般的でした。

　しかし，昭和40年代頃から，不安や恐怖だけでなくいろいろな理由（例えば「いじめ」など）によるものであることが明らかになり，「登校拒否」という言葉が使われ，自ら登校を拒否している状態をさすようになりました。

　今では学校を拒否することだけではなく，学校に行きたいが行けないという心情等も含めてより広く正確に表すために「不登校」と言っているわけです。このような変遷をたどり，特定の子どもにだけ起こる現象ではなく，様々な要因が作用すると「どの子にも起こりうる」という視点が強調されるようになっていきました。

☑ まず，学校に具体的な原因がないか？

　不登校になるのは，必ずしも心の中の問題が原因とは限りません。いじめや友人関係，学業の不振など具体的な問題である場合が少なくありません。

　不登校傾向が見られたら，まず学校に原因がないかを疑わなければいけま

せん。本人はもちろん保護者からも話を聞き，具体的な問題があればすぐに対応します。いじめや友人関係が原因であれば，すぐに対応することを約束し，心配や不安を取り除くために取り組みます。もし，学業上の問題であれば，具体的な計画を立て援助します。

☑ 初期は，他人との関わりをなくさない

　不登校のもう１つの原因は，心の中で起きている激しい葛藤です。そこから逃げるために，いったん社会や学校から身を引くのです。

　その葛藤とは何でしょうか。思春期には「自分とは何者か」「自分は何に向いているのか」という思いが，内部から突き上げてきます。これまでは保護者の言いなりになり，保護者のつくった「物差し」で生きてきましたが，「自立」するために自分の「物差し」をつくり，自分で判断し決定していこうとしているのです。自分の「物差し」が必要になるのです。

　ところが，そう簡単にはつくれないため葛藤します。「ダメな自分」がいると，いったん自分を強く否定します。

　ですから，不登校状態の子どもに「そんなことではいけない」といくら話しても効果はありません。それよりも他者と関わる中で自分の個性や能力を発見する機会をもつことです。

　特に不登校傾向の初期は，この関わりの機会をなくさないために，積極的に登校を促したり（「登校刺激」），本人の希望も聞いて受け容れ方も工夫します。行事に取り組む中で不登校傾向がなくなった子も多いのです。

　しかし，本格的な不登校傾向が表れたら，生徒指導主事などが中心になり，スクールカウンセラー（SC）などの専門家と連携することが必要になります。

生徒指導主事が前面に出て対応する必要はない。普段，人間関係のある担任が最適。生徒指導主事は担任の取り組みを確認して援助する。また，専門家との連携の計画を立てる。

第4章　問題行動の指導と対応　97

第4章
問題行動の
指導と対応

42 問題行動の指導と 生徒指導主事の役割

CHECK 生徒指導主事は校内で起きるすべての問題に均等に関わるわけではない。どんな問題には，どこからどこまで関わるのか。生徒指導主事が中心になるのはどんな問題か。

☑ どんな問題にどう関わるのか

　校内で起きる問題行動の数や種類というのは，学校の状態によって全く違ってきます。

　学級内で起きる「トラブル」が週に1，2回程度ならば，かなり落ち着いた学校であり，担任中心で対応できるでしょう。

　こういう学校ならば，生徒指導主事の仕事はかなり少なく，若い教師の生徒指導を指導・助言することに仕事の重点も置くといいと思います。

　ところが，多くの学校では一部の生徒が学級を超えて"団結"します。放課後に，時には深夜に地域を徘徊し，どこかに溜まって寝食を共にしています。これは昔から，学校に居場所を失った生徒たちに共通した生活です。

　生徒指導主事は，この段階ではすでに情報を把握し，生徒が学級を超えて団結しているように，教師側も団結しなければとても対応できなくなります。

　このような生徒側の情報は，自然に教師側に集まってくることはありませんから，学級内で起きた問題に対応する中で担任が深く生徒と関わることによって，家庭での過ごし方，保護者の様子や友人関係がわかります。この関わり方を指示して，担任を援助・助言するのは生徒指導主事です。

　この，学級を超えて荒れた生活をしている一部の生徒たちの情報を集約し，総合的に分析・判断するのも生徒指導主事の仕事になります。

☑ 荒れている学校では

　このように，学級を超えて一部の生徒が問題を頻繁に起こしている場合は，つまり荒れた学校ということになります。この場合は生徒指導部が中心にならなければ，もはや対応できません。

　学年の生徒指導係の教師と生徒指導主事が常に連携して，問題の正確な把握に務め，対応の方針を立て，具体的な指導方針を決めます。重要な局面，例えば事実の確認，家庭訪問などでは生徒指導主事も自ら対応します。

　ところが，問題行動というのは，事実関係を調べ対応してみて，初めて一過性の軽微な問題なのか，重大な問題なのかがわかることが多く，生徒指導に精通していない教師が対応すると，見逃してしまう場合があります。

　生徒指導主事が"重要な局面"で対応すると言っても，重要かどうかの判別自体が難しいわけです。

　全員が生徒指導に精通した学校などというのはありませんから，重大な問題を見逃すのを防ぐ方法は１つしかありません。

　それは，生徒指導主事が，常に学年の生徒指導係や学年主任と綿密なコミュニケーションをとることです。私も長く生徒指導を担当していましたが，毎日，昼休みには必ず顔をあわせます。自然と生徒指導が話題になります。放課後の，一段落の着いた時間には様子を聞きますが，特別に対応すべき問題が起きた場合はなおさらです。これを毎日繰り返すのです。

　このように生徒指導主事は学級内で収まる問題なのか，学級を超えてしまいそうな問題なのか，すでに学級を超えて他の学級にも波及している問題なのかをよく見極めることです。

生徒指導主事は，毎日，学年の生徒指導係や学年主任と綿密なコミュニケーションをとらなければならない。週１回の打合せなどでは，とても対応できる時代ではない。

第４章　問題行動の指導と対応

最後は「自立」!

　学校教育，特に生徒指導も子育ても，最後の目標は子どもが「自立」するということではないでしょうか。ある本に書いた一節を少し修正して紹介します。

　「自立」って何なのかということを具体的にしておきましょう。子どもは一生，保護者の庇護のもとで暮らすことはありません。保護者のほうが先に死にますからそもそも不可能です。通常，今の日本では20歳過ぎには保護者から「独立」しますが，独立しても自立しているかは別のことです。独立しても自立していなければ，生活が破綻する人もいますし，人間関係がつくれず会社を辞める人もいれば，自らの考えも信念ももてず充実感のない人生を送るかもしれません。

　学力だけをつけても価値がありません。どんなに高収入を得ても，人は他人のために役立っている，人から信頼されている，必要とされているなどの感覚がないと，長い人生を地道に生きていくことはできない動物です。

　自分の価値観をもち，困難に出遭ってもその価値観で物事を自らが判断し決定して生きていくのが，自立した大人というものです。

　価値観とはどんなことを正しいと考えるか，どんなことを美しいと思うか，どんなことを嫌だと思うか，などの考え方・見方ですから，これをもっていないと常に他人の評価や判断が気になるし，自分で決められません。

　これではとても1人の人間として生きてはいけません。ですから，自立は学校教育や子育ての必須の目標なのです。

　自立とは，保護者とは別の自分でつくった「物差し」をもつことだと思えばいいのです。この「物差し」があると，「これからはこの『物差し』で物事を判断し決定して生きていこう」と思えるような自信を得ることができます。

※拙著『子どもが成長するということの真相』(民衆社)から

第5章
学校内外との連携
～チーム力を高めるための「考え方」～

　「チーム学校」のチーム力を高めるには，連携の仕方が重要です。形式だけの会合をもっても，意味がありません。

　また，せっかく経験豊かな人材が身近にいても，活躍できる条件がないと宝の持ち腐れとなります。

　さらに，頼りすぎるのも，任せっぱなしにするのもいけません。

　第5章はこの連携の「考え方」です。

Chapter 5

第5章
学校内外との連携

43 管理職との連携

 管理職は学校運営の責任者。本来,生徒指導の方針・目標の作成やら実施も,管理職の指導・助言の中で進められるが,実際の日々の生徒指導は生徒指導主事が中心になる。

☑ 管理職が学校運営の責任者

　ここでは便宜的に管理職との連携としましたが,正確には連携ではありません。管理職は学校運営の責任者ですから,生徒指導の目標・方針の作成から指導結果の報告まで全てにおいて,合意・指導・援助を仰ぐものです。

　実際には全てそうはいきませんから,日々の生徒指導は生徒指導部がやりますが,管理職との間に立って橋渡しの役割をするのは生徒指導主事の役割です。日々の生徒指導は管理職から任せられているのですから,いちいち管理職の意向を確かめたり,指導方法や経過をその都度報告し,方針を仰いでいたりしていたのでは,生徒の問題行動にはとても迅速には対応できません。

　これは普段から,自校の生徒指導の方向性が一致していることが前提でなければできませんから,もし不一致の点があれば,その「考え方」が管理職との間で調整されていなければいけません。

☑ まず,報告・連絡・相談が基本

　そのためには,管理職に生徒の様子や,起きた問題行動などが正確に報告されていないと,現状の認識が食い違い,管理職も判断を間違います。

　そういうことが起きないように,普段から管理職への報告がなされていないといけません。しかし,教職員がそれぞれ報告していたのでは,合理的で

はありませんし，何よりも管理職は正確に全体像がつかめません。

　そこで生徒指導主事が中心になって，収集した情報を整理し問題行動の全体像がわかるようにまとめて報告する，最近の各学年全体の生徒指導上の様子を報告する，などと1つのテーマとして報告します。起きたことをただばらばらに報告されても，全体像はつかめません。

　より合理的に進めるには，週1回程度の定期的に報告する場が設定されてあるといいです。その場では口頭ではなく，各テーマが簡単なメモにしてあるとより正確で効率的な会合になります。

　正確で全体像のわかる情報のもとで相談がなされなければ，的確な指導・助言ができないことは，言うまでもありません。

☑ 緊密さも保ち，意見も言う関係

　実際には，生徒指導主事は管理職とはかなりの緊密さが必要です。ただ単に正確で全体像のわかる情報さえあればいいというわけではありません。

　それは生徒指導が教育観そのものと深く結びついていて，また子どものとらえ方，社会の状況，保護者の教育観などと深く関わってくるからです。それらは生徒指導の方針や目標，指導方法を大きく左右します。

　お互いに普段から緊密なコミュニケーションがないととても無理です。

　一方で，生徒指導主事が管理職と緊密であるあまり，管理職の代弁者のようになってしまってはいけません。時には管理職に対し意見も言い，激論になることがあってもいいわけです。

　私も生徒指導に関して管理職とは，激論を交わしながらやってきたものです。

生徒指導主事は管理職への正確で効率的な報告に努める。また，普段から管理職と教育観など緊密なコミュニケーションがないと，的確な連携はできない。

第5章　学校内外との連携　103

第5章
学校内外との連携

44 担任との連携

CHECK 生徒指導主事の重要な役割の1つは，担任との連携である。担任の立場を尊重しながら援助し，担任の向き不向きを見極めた適切な援助をする。

☑ 担任の立場は尊重する

　日々の問題行動に対応したり，起こした問題の事実を調べたり，保護者と相談したりするのは，生徒指導主事が援助したとしても，中心になるのはやはり担任です。担任をないがしろにして，事実の調査や保護者との相談をやっては「いったい，担任の先生は何をしているのか」となり，生徒指導はうまくいきません。担任が「生徒指導の力」をつけなくては，絶対に学校は良くならないのです。生徒指導主事が担任と連携するのは，担任の抱えている生徒の問題を解決してやるのではなく，担任に「生徒指導の力」がつくように援助・助言することです。

　連携のポイントは，担任の立場を尊重することです。かりに担任が生徒指導に不慣れであっても，担任を否定するような言動は慎むことです。人には他人の評価を低くすることによって，自らの評価を高めようとする心理が働きますが，生徒指導主事が厳に慎まなければいけない行為です。

　「担任1人では時間がかかるので手伝いにきました」「担任に頼まれてきました」「担任だけでは大変なので協力しにきました」などと言って，あくまで担任の先生の立場を尊重します。

　2つ目のポイントは，担任の不得意なことを普段からよく知っておくことです。これは担任を見下すことにはなりません。もともと，生徒指導はどん

なことにもエキスパートという教師はいません。また，こういう指導には向いているが，この指導には不向きという場合もあります。

例えば，荒れた乱暴な言動の多い生徒の対応は苦手だが，じっくりと時間をかけて気持ちを聞いてやるのは得意な教師もいます。すると意外な事実や理由が見つかったりします。しかし，荒れた乱暴な言動の多い生徒には断固として壁となる教師もいなければいけません。

生徒指導主事は，このような向き不向きをよく見極めた上で，学年主任や学年の生徒指導係と相談し，担任に向いた指導方針や指導方法を考えます。不向きなことを援助するわけです。

そのためには，普段から担任とコミュニケーションがなくてはいけませんし，人としての付き合いもなければ不可能です。生徒指導主事というのは，寡黙で人と付き合うのが嫌いというのでは役割は果たせません。

☑ 担任を指導・援助する視点

第1章の**心得5**で述べたように，生徒指導というのは❶起きた問題行動に対応する治療的生徒指導，❷やがて起きそうな問題や起こしそうな生徒に対応する予防的生徒指導，❸そもそも起きないようにする開発的生徒指導の3つが同時並行的に行われていなければいけません。例えば，❶しか行われていない学級は，たえず荒れてしまいます。❷があっても原因や理由を探らずに，外圧的な力で抑えようとすれば，荒れはとまりません。生徒指導主事は学級の実態を踏まえて，この3つの視点からの生徒指導がどのように行われているのかを点検すると，短期的に優先すべきもの，中長期的に力を入れるものが明確になり，指導・助言がしやすくなります。

心得44 生徒指導主事は，その学級にはどんな生徒指導（治療的，予防的，開発的）が欠けているのかを指導・助言する。

第5章
学校内外との連携

45 学年主任，生徒指導係との連携

生徒指導主事は学年経営の責任者である主任や，学年生徒指導の中心となる係と連携しなければ，生徒指導はうまくいかない。

☑ 学年主任には毎日，報告と相談

　言うまでもなく，生徒指導は情報が重要です。その情報が数日後に関係者に伝わるなどという状態では，とても今日の生徒指導には対応できません。

　特に「いじめ」問題などでは，いじめを受けた生徒からすれば薄氷を踏む思いで毎日登校しているのですから，できればその日のうちに対応し学校としての決意や方針を伝えることによって，安心させてやらなければいけません。

　通常，何らかの問題について生徒や保護者からの相談，訴えがあったり，教師が発見したりした場合には，まず当該学年の生徒指導係に報告されます。

　次に，生徒指導係は生徒指導主事と学年主任に報告します。その場合，3者が担任を含めて一度に情報を共有するのが合理的です。個別に報告していたのでは，同じ打合せを何度もすることになり無駄が生じます。もし，きわめて重大と思われる場合は管理職も含めて会合をもちます。

　ところが，多くの問題は事実調査をする前から，「これは重大だ」とはわかりません。全てを重大な問題として対応するのは，実際には不可能で現実的ではありませんから，学年主任には簡単に報告だけして，事実調査などは生徒指導主事と相談して生徒指導係が進めればいいのです。

　通常，授業終了後に事実調査を始めますから，その後必ず生徒指導主事と

学年主任に報告することになります。

　したがって，荒れた学校（学年）では生徒指導主事と学年生徒指導係，学年主任などは毎日，放課後の遅い時間には打合せをすることになります。さらに部活動が入っていれば，夏場は7時過ぎからというのは当たり前になってしまうのです。

　しかも，生徒指導主事はこの打合せでは，ただ報告と相談ではいけません。事実関係は図式化したメモでいいですから準備し，事実関係が明快になるように整理しておきます。また，漠然とした相談ではなく，原案をつくっておくことです。その上で学年主任と相談するわけです。

　こういうことを頻繁にやるのですから，本当に大変な仕事です。

☑ 学年生徒指導係とは即，連絡と相談

　一方で，生徒指導主事は学年生徒指導係とはさらに緊密な連絡体制をとらなければ，迅速で的確な指導はできません。

　例えば，学年生徒指導係が何らかの情報を伝えてきた場合，すぐお互いに相談して，事実調査の手順を決めたり，事実の確定を何時頃までにするか，指導の手順は，どの先生が指導するか，保護者への報告は，家庭訪問は誰と誰が一緒に行くのか，などとたくさんのことを即断即決します。

　こういうことについて情報を知った数時間以内には決めていないと，学校というのは研修会，会議，出張，他の指導などもあり，指導体制がとれなくなります。

　生徒指導主事は，各学年生徒指導係とはまさに一心同体とも言えるくらいに校内では常に緊密な間柄でなくてはなりません。

生徒指導上の報告や連絡はできるだけ関係者が一度で済ます。相談は漠然とするのではなく，原案をつくって臨む。これらの中心になるのも生徒指導主事の役割。

46 養護教諭，SC，SSW との連携

 養護教諭の仕事内容には生徒指導に関わる「保健室通い」「保健室登校」があり，学校全体の指導方針との関連が多く連携は欠かせない。また，SC と SSW とは適切な連携のあり方を探る。

☑ 養護教諭は生徒指導部の一員のような位置

　今の生徒にとって保健室の先生は，身体に関する相談だけでなく，心に関する相談相手としてカウンセラー的な役割までもっています。そこにはいろいろな問題を抱えた生徒がやってきますから，生徒指導主事は連携の仕方を明確にしておかなければ，養護教諭も困るし，生徒と養護教諭のつながりを活かせなくなります。

　ここでは対応が最も困難になる「保健室通い」を中心に取り上げます。保健室に頻繁にやってくる生徒です。

　❶教室に長くいられず，1日に何時間かは保健室で過ごす場合，❷休み時間になると，他の生徒との接触を避けるために保健室で過ごす場合，❸授業に出たくなくて，心身の不調を口実に保健室でサボる場合があります。その口実とする理由はいろいろです。

　❶と❷は友人関係でトラブルがあったり，いじめにあっていたり，心に悩みを抱えていたりします。この場合は，養護教諭と生徒との人間関係を崩さずにつながりが継続できることを優先すべきです。けっして，学校全体の生徒指導方針を直接的に指導してもらうような性急なつながり方を求めてはいけません。

　❸は反社会的な言動の多い生徒に多く，保健室に行き来することによって

校内徘徊のきっかけとなりますから，安易に保健室通いは認められません。
　学校の実態に合わせて，制限・禁止という対応もあり得ますので，生徒指導主事は養護教諭と明確に方針を一致させておかなければいけません。
　どの場合も生徒指導主事は，養護教諭が自ら得た情報を指導方針に活かすためには，普段から緊密な関係を築いておくことが必要です。
　また，「保健室登校」の対応は養護教諭が中心にならざるを得ない面もありますが，任せっぱなしにしてはいけません。1人1人の指導方針を立てるのは，担任も加わりながら，生徒指導主事が中心にならなければいけません。

☑ SC，SSWとは連携の内容を綿密に確認

　子どもを支援する専門家として，SC（スクールカウンセラー），SSW（スクールソーシャルワーカー）がいます。SCは主として本人の心の問題に関わり，心理学的なアプローチをしますが，SSWは本人の家庭や友人，学校，地域など環境に働きかける福祉的なアプローチをします。
　今日では「チーム学校」の一員として連携が強調されていますが，学校に常時配置されている例はほとんどありません。SCは何校も担当して巡回する場合がほとんどで，週1回学校に訪れる程度です。SSWになると学校から要請があれば派遣されるのが通例です。
　存在が遠い専門家よりも，担任や養護教諭のほうが身近ですから，SCとSSWに頼れる範囲にはかなりの限界がありますが，専門家の働きかけや意見を活用するのは大切な視点です。
　この限界をふまえて，生徒指導主事はSCとSSWとは普段から情報を交換し，活用の仕方を判断することです。

生徒指導主事は日常的に養護教諭と連携する。SCとSSWは連携の仕方をよく判断し，専門家としての意見を求め，時には直接的な対応も要請する。任せっぱなしはいけない。

第5章　学校内外との連携

第5章
学校内外との連携

47 PTA，地域との連携

> **CHECK** 生徒指導主事は，PTAの役員の1人であったり，役員の学校内の窓口であったりすることが多い。また，地域の自治会（町内会）や諸団体の窓口にもなる。

自校の保護者との連携は**心得23**で述べています。

☑ PTAとは「ギブ＆テイク」の精神で

　現在，PTAは役員のなり手がいないという悩みや，学校行事のただの協力組織ではないかなどの問題点が指摘され，必ずしも活発ではありません。

　生徒指導主事はPTAの役員として学校側の代表者の1人であったり，窓口となっていたり，どの教員よりも関わりの深い立場にあります。

　例えば，体育大会や文化祭などの学校行事をPTAが手伝う時の窓口になり，交通整理や巡回などを担当したりします。これも生徒指導主事の計画のもとで実施されることがほとんどです。

　学校としては協力がもらえるのはありがたいことなのですが，PTAからの要望にはなかなか応えることができません。授業参観を増やして欲しい，学校行事や懇談会は日曜日にも実施して欲しい，などの要望には答えられない学校が多いです。このように，協力はもらうが要望には応えられないというのが現実です。

　しかし，これではいざという時，例えば学校が荒れてきた時や，保護者の教育力が必要な時には協力がもらえません。ここは「ギブ＆テイク」の精神でなければ，ただの協力機関か協賛団体になり，ますますPTAの魅力はなくなります。一方的な「テイク」ばかりではいけません。

☑ 地域との連携のコツは「ギブ&ギブ」

　地域からはいろいろな苦情が学校に寄せられます。「横に並んで歩いているので通りにくいから指導して欲しい」「家の前で食べ歩いた容器を捨てていくのでやめさせてくれ」「夜遅くまで公園で遊びうるさい」などの苦情から，「万引き」や「喫煙」の通報まで様々です。

　荒れている学校ならば頻繁にあり，放課後は連日この対応に追われることがあります。現場に行ってみたら，他校の中学生だったとか，高校生だったということもあります。

　また，学校が対応する範囲外のものと思われる場合もあります。

　それでも苦情や通報には誠実に対応したほうがいいのです。私の経験では，この積み重ねは必ず地域からの信頼につながります。

　例えば，「あれでは先生たちも大変だわ。もっと地域の大人が学校に頼らずに注意していこう」とか「今度の自治会で地域の中学生の問題を取り上げます」と発展することもあります。少なくとも，地域の人たちは学校に対して好意的になることは間違いありません。

　また，地域から要望がくる場合もあります。例えば，地域の行事への参加要望などもその1つですが，その要望に応じて行事に協力することも連携のポイントです。PTAの連携とは違い，「ギブ」にまず徹することです。

　地域に住んでいる人は，かつて子どもが中学校に通っていたとか，これから子どもが中学校に入学してくるかもしれないという人がほとんどですから，いずれにせよ深い関係のある人が多いのです。生徒指導主事の守備範囲の1つです。

PTAとは「テイク」ばかりでなく，「ギブ&テイク」の精神。地域とは「テイク」よりも「ギブ&ギブ」の精神で連携する。

第5章
学校内外との連携

48 警察や関係機関との連携

CHECK 今日の学校現場は，警察との連携がなくては問題を解決できないことが多い。どんな問題で連携し，どのように連携をするのかは校内でよくよく合意しておかなければいけない。

☑ 警察との連携の是非

　学校現場には警察に協力を求めることに対して，根強い抵抗感があります。
　確かに学校は教育の場ですから，「教育の力」で問題を解決すべきであることは言うまでもありませんが，実際には「法の力」でしか解決できないこともあります。
　このことについて全教職員が事前に合意しておらず，そのケースごとで判断するという一貫性のない方針では，起きてからでは対応できません。
　この問題は生徒指導主事が，どんな問題については警察と連携するのかを明確にするために，事前に全教職員との合意を形成しておくことです。
　もし，いかなる問題にも教育の力で解決するという道を選ぶならば，不退転の決意をもって安全安心な学校をつくらなければいけません。私の体験では，相当に困難な道です。
　また，警察との連携の内容を誤解している教職員も少なくありません。例えば，警察は少年を少年院や鑑別所に送り込むために，強引な取り調べを行うものだという大きな誤解があります。私の経験では全く違います。
　警察には少年の非行防止という役割があり，必ずしも起きてしまった非行事実に対応するだけでなく，防止の観点で説諭したり，見守ることもしますから，それ以上の非行に発展する抑止力になります。

今では「学校警察連絡協議会」という協議会が設置され，学校長と生徒指導担当者，教育委員会，児童相談所職員，警察職員などが協力して，生徒の健全育成の観点からの情報交換や，具体的な防止策の検討をしています。

☑ その他の関係機関

　他にも生徒の健全育成のための，公的な機関や組織がまだまだあります。
　どの地域にも児童委員（民生委員が兼ねる）や少年補導職員，少年相談専門員，スクールサポーターなどがいますし，少年保護センターもあります。
　しかし，現実的に可能で緊密な連携が可能なのは，制度として定期的に開催できる「学校警察連絡協議会」です。むしろ，この協議会を中心に据えて，そこで共有された情報によっては，児童委員の力も借りる，福祉事務所に対応をお願いする，などと方針を考えればいいのです。
　いずれにせよ，生徒たちの起こす非行・問題行動の背景には，根深い社会問題（例えば，貧困）や保護者の問題がありますから，学校だけで解決することは不可能です。適切な関係機関を取捨選択して進めることになります。

☑ 学校は主体的に方針を提案する

　しかし，どんな場合も学校は自ら対応せずに，関係機関に任せっぱなしにしてはいけません。自校の生徒である以上，自校の生徒指導部が中心になり方針を提案し対応しなければ無責任です。
　学校がしなければならない範囲はしっかりと責任をもち，範囲を超えたことは迷わず協力を求めて，より有効な方針をつくりましょう。
　生徒指導主事はその区別をしながら方針を立て，対応の計画を立てます。

生徒指導主事は，普段から「学校警察連絡協議会」や身近な関係機関との連携に努める。しかし，過大な期待はせずに，方針などは学校が主体的に提案する。

第5章　学校内外との連携

やってはいけない「叱り方」

　やってはいけない「褒め方」というのはありませんが，やってはいけない「叱り方」はあります。

❶暴力的言動で叱らない
　「冷静に」叱るというのがあるらしいですが，許せないから叱るのですから，怖い顔をして，時には大声で叱らなければいけないことがあるのではないでしょうか。それでも暴力的になってはいけません。

❷長々とネチネチ叱らない
　「悪いことだ」と本当に知らないでやったのならば，時間をかけて説明しなければいけません。しかし，荒れている学校で起きる問題は，その大半は悪いとわかってやっているのですから，いくら長々とネチネチ叱っても時間に比例して反省が深くなるわけではありません。悪いとわかっていても，そうしてしまう理由は教師側が考えるしかないのです。

❸意地の悪い叱り方をしない
　「君がいるから…」「君のせいで…」などと存在自体を否定するような叱り方は慎むことです。そう言いたくなる時は「昨日の君ならばOKなんだよ」と本人の良い時のことを逆に言うのです。

❹あとに尾を引かない
　翌日，顔を合わせたら「昨日，言ったことは忘れてはいけないよ」などと蒸し返してはいけません。こういう念押しをしたくなるような生徒の場合は，それなりの困難を抱えている子なのですから，そんな念押しで簡単に立ち直るわけがないのです。それよりも，全く関係のないことを話題にして話しかけると，本人は「見捨てられていない」とほっとします。

※拙著『その手抜きが荒れをまねく―落ち着いているときにしておく生徒指導』（学事出版）から

第6章

ちょっとした仕事術で
ワンランクアップ！
～生徒指導主事を賢くやり抜く～

　　本章では私の体験をもとにして，忙しい生徒指導
主事の仕事を効果的にやるための仕事術をいくつか
紹介します。

　　その結果，自分流の仕事術を見つけ，時間にも気
持ちにも少し余裕ができたら，その余裕を生徒指導
のレベルアップにつなげることができると，なお幸
いなことです。

Chapter 6

第6章
ちょっとした仕事術で
ワンランクアップ！

49 生徒の対応は最優先する

生徒指導主事の仕事は実に膨大である。どれも重要な仕事であるが、子どもに直接対応する生徒指導だけは最優先されなければいけない。

☑「重大な生徒指導であって欲しくない」という心理

　いまどきの先生は、１つか２つの仕事を抱えているくらいですむ人はいません。担任をやりながら、大きな行事の担当者にもなり、学校全体の校務分掌も抱え、さらに部活動も担当するというのが通常の先生の仕事量です。

　もし、荒れている生徒が何人かいる学級担任であれば、それだけで次々と起きる問題に対応しなければいけません。

　そうすると、教師には「今日は忙しいから、何も起きて欲しくない」「あのトラブルは簡単なものであって欲しい」などという心理が働きます。この心理に負けてしまうと、十分に調べることなく判断してしまい早く終わらせようとして、複雑な背景や深い理由を見落とすことになります。

　その問題が重大かどうかは、十分な事実調べの上でしかわからないことなのです。

　このような時には、生徒指導主事の姿勢や態度がとても重要になります。忙しい先生の気持ちは理解しても、その先生の心理に負けてはいけません。

☑ 生徒の対応は最優先する

　そのためには、生徒指導主事は普段から生徒指導を最優先する習慣を身につけ、他の教職員の範となっていなければいけません。

全国各地の生徒指導主事は，実際には位置づけはいろいろで，学級担任を外れている場合もあれば，担任を兼任している場合も，授業時間も少なめに抑えられている場合も，他の先生と変わらない場合もあります。

　私自身で言えば，40代半ばから学級担任と学年主任，生徒指導主事の３つをほとんど兼ねながら仕事をしていました。学年主任として大きな行事の計画を立てながら，学年だけでなく学校全体の生徒指導にも関わり，自分の学級の学級経営まで，実に忙しい教師生活を定年まで送っていました。

　しかし，最優先にしていた仕事は生徒指導です。１日に対応する問題は１つや２つではありません。

　生徒指導主事を兼任していたころは，毎日放課後の指導の流れと手順を決め，事前に関係する教職員に連絡し指導に入り，要所要所で事実の確定や指導の方向を確認していました。場合によっては，家庭訪問にも同行しました。

　これだけ時間のかかる生徒指導を後回しにしては，事実調べや指導のタイミングを逃すことになりますから，最優先にして取り組み，次々と対応しなければいけない問題が残らないようにしました。

☑ 生徒は不安を抱えて登校する！

　最優先するもう１つの理由は，被害者は「明日も何かされるかもしれない」，加害者は「きっと先生に叱られるに違いない」などと，どちらも「不安」を抱えて登校して来ますので，できるだけ問題を解決する見通しを示す必要があるからです。特に被害を受けている生徒にとって，この不安を抱えながら１日を過ごすのは計り知れない精神的苦痛です。

　校内のどの仕事よりも，生徒指導は最優先されなければいけません。

生徒指導主事は，校内で起きた問題においては最優先して生徒に対応するように指示する。生徒指導主事は，普段から後回しにせずに，すぐに取り組む姿勢を貫く。

第6章　ちょっとした仕事術でワンランクアップ！　117

第6章
ちょっとした仕事術で
ワンランクアップ！

50 担当教科との両立のために

 技能教科の教師が生徒指導主事の場合は，実験や実技の準備や片づけもあり，生徒指導との両立に苦労する。しかし，生徒の本当の姿がわかるのも，技能教科の授業である。

☑ 技能教科担当の生徒指導主事はここに注意！

　私の体験から技能教科（音楽，美術，体育，技術家庭）の担当教師が生徒指導係，特に生徒指導主事と両立するのはかなりの負担を伴います。

　これは本人たちには何の責任もないことですから，本当は酷な話です。教科の性格上，どうしても事前の授業の準備がたくさんあり，当然，準備室などにいることが多く，学年や学校全体の生徒の様子，休み時間の様子などを知るには圧倒的に不利だということです。

　例えば，生徒指導部として美術のA先生がいたとします。A先生は授業が終わっても他の教科の先生たちのようには，すぐには解放されません。使用した道具の片づけをし，作品の保存もし，次の授業の道具を揃えたりしていると，休み時間はなくなり，すぐに次の授業の開始です。

　こうして自分の学級や学年全体の生徒の様子を自分の目と耳で確かめるという生の情報に疎くなります。若い時は，この生の情報がないと的確な判断はなかなかできません。

　こういう場合には，生の情報が得られるように，授業の準備にも工夫をして能率的にやらなければいけません。

　特に技能教科の先生が生徒指導主事ならば，特別教室に長時間こもっていたということは避けなければいけません。

☑ 技能教科では，生徒の本当の姿が見える

　しかし，一方では技能教科の教師にこそわかるのは，生徒の本当の姿です。
　ある中学校では「若い女性の音楽の先生の授業が成立するようになったら，学校は荒れない」という言葉を合い言葉に生徒指導を頑張ったそうです。
　どういうことでしょうか。中学校の教師ならすぐにわかります。「若い女性」ですから，生徒は本音を出しやすく，さらに「音楽」は受験には重要な科目と見なされず，ますます本音が出てしまうわけです。授業が成立しにくい条件がそろっているわけです。また，授業形態に活動が多い場合は「いじめ」などもよく見られます。
　こういう技能教科での生徒の姿は本当の姿であることが多く，生徒理解には欠かすことのできない重要な情報です。このプラス面を活かし，両立できるような工夫をする必要があります。

☑ 「心理学」や「社会学」の専門外を学ぶ負担

　心得55でも述べますが，生徒指導の仕事をするには，「子どもはどのようにして大人になるのか」「思春期とはどういう時期なのか」「非行はなぜ起こるのか」などということを理解しておく必要があります。
　このことは，技能教科の先生に限らず，多くの教科の先生にも言えることですが，専門外のことを学ぶというのは，これも大変な負担となります。
　私は社会科教師でしたが，それでも「心理学」や「社会学」などの勉強をしながら両立していくのは，大変な負担でした。
　生徒指導の仕事と両立させていくには，それなりの覚悟が必要となります。

生徒指導係，特に生徒指導主事は自分の教科の特性から，不利な面と有利な面を自覚し，常に努力を怠らないこと。

第6章　ちょっとした仕事術でワンランクアップ！

第6章
ちょっとした仕事術で
ワンランクアップ！

51 荒れた生徒の後ろにいる保護者を知る

CHECK　荒れた生徒のことをよく知るにはその保護者のことも知ることである。わが子への願いは荒れていない子の保護者と同じ。保護者としてうまくいかない事情を知ると，荒れた生徒が愛おしくなる。

☑ 荒れた子どもたちを愛おしく思えるようになるには

　私は昭和50年代の校内暴力期に中学校教員になりました。荒れた生徒に出会って何年かは，その生徒たちが憎くて憎くてたまりませんでした。

　授業よりも生徒指導が忙しく，「こんな生徒がいてはまともに授業ができない」「このような生徒たちがいなければ，どんなにか学校はよくなるだろうか」と思いました。十代の半ばにして早くも人生を捨ててしまったかのような生徒たちと付き合うのは耐えられませんでした。

　生徒指導を何も知らない私は，保護者の力を借りるしか頼るものがありませんでしたから，荒れた生徒の家庭をよく家庭訪問しました。ひとり親家庭が多くどの家庭も夜遅くしか訪問できず，あまり歓迎されることもなく形式的な訪問でした。

　しかし，回数を積み重ねるうちに保護者のほうから，家庭の事情や幼児期の子育てのことを語ってくれるようになりました。

　それは私が育ってきた家庭環境とはおよそ違うようでいて，どこか私の中学生時代と変わらぬ日常の一面が映し出されていました。

　それからでした。荒れた子どもたちが愛おしく思えるようになったのです。

　もし自分もこのような環境で育っていたら，間違いなく荒れただろうと思うと，はたして荒れた生徒に責任はあるだろうかと思うようになりました。

☑ 荒れた生徒に責任はない

　幼児期や思春期の子どもたちには，無条件に愛してくれる保護者，頼りになる保護者の存在が必要です。この保護者の存在があるから安心感が生まれ，ダメな自分をさらけ出しながら成長できるのです。保護者に見捨てられるという不安がないから，家庭が一番居心地がいいのです。

　しかし，このような家庭で過ごせない子どもは，「居場所」を家庭の外に求めます。それがたとえ「非行集団」であろうと構いません。

　ですから荒れた生徒に責任はありません。では保護者に責任があるのかというと，必ずしもそうは言えません。かりに保護者の事情で「家庭崩壊」や「貧困」に至ったとしても，セーフティーネットさえあれば「貧困」に至らずに済むケースも多いからです。母子家庭の場合は，約8割が離婚によりひとり親世帯になっています。離婚に至る何年もの間は，おそらく夫婦間で確執があったはずです。この確執の中で子どもは育つわけですから，通常は負の影響を受けざるを得ません。そして離婚後のひとり親世帯の半数以上が「相対的貧困」と言われています（厚生労働省「ひとり親家庭等の現状について」（2015年4月）より）。

　「荒れた生徒」の保護者の事情を知ることは，生徒指導には欠かせません。「あの親の子だからダメだ」「あの親ではどうしようもない」などと，つい思いがちですが，必ずしも親子には責任がない場合が多く，やむを得ない事情でそうなってしまったのです。生徒指導主事は，このような「考え方」を忘れずに粘り強く保護者との相談を繰り返してください。

生徒指導主事は「保護者がダメだ」と言う前に，「保護者にはやむを得ない事情があったのかもしれない」という「考え方」をもち，粘り強く保護者との相談を重ねる。

第6章　ちょっとした仕事術でワンランクアップ！

> 第6章
> ちょっとした仕事術で
> ワンランクアップ！

52 教師に激しい思春期はあったか？

教師は比較的恵まれた家庭環境の中で育ち，学習面でも能力を発揮してきた人が多い。そのため自分の体験だけで思春期を理解することは難しい。思春期の理解がないと生徒指導はできない。

☑ 激しい思春期がなかった教師

　教師になった人には，激しい思春期がなかった人が多いはずです。

　私は定年退職後，複数の大学の教職課程で「生徒指導・教育相談」を教えていましたが，最初の授業では必ず「自分の思春期を具体的に書き，感想を書きなさい」というテーマを与えてレポートさせていました。

　学生のレポートの大半が，「私には一般的に言われている思春期はなかったと思う」「思春期はあったが，あっという間に過ぎた」「割と簡単に乗り越えたと思う」というものでした。

　つまり，大半の学生には自覚的な思春期はなく，あっても激しいものではなく，容易に乗り越えてきた思春期しか経験していません。このこと自体はとても喜ばしいことで何の問題もありません。実際，私も含めて多くの大人は思春期と格闘しながらも，保護者やきょうだいの援助を受け，友人の力を借りてまっとうな大人に成長したわけです。

　ところが，今日の学校現場には援助もなく思春期の真っ只中で，もがき苦しむ子どもたちがいます。その子どもたちの一部こそが「荒れた生徒」と言われる子どもたちです。

　激しい思春期を経験したことのない教師には，この「荒れた生徒」を理解するのが難しいのは当然なのです。

☑ 思春期という時期を理解する

　教師は思春期というものを，自らの体験した範囲で理解しようとしても限界があります。大半の教師の小中高生時代は，勉強もよくでき，教師や友人からも認められ頼りになる保護者も存在し，大学に入学し競争率の高い教員採用試験に合格して教師になりました。「荒れた生徒」によくある「家庭崩壊」や「貧困」は経験していません。

　「荒れた生徒」の家庭で育った子どもたちの中からこそ，思春期を通過する困難さと，何が思春期を乗り越える条件なのかを見てとれるのです。この子どもたちの中に思春期を理解する鍵があるのです。

　しかし，この子どもたちを排除したり，格闘を避けたりする生徒指導をしていれば，いつまでたっても思春期は理解できずに教師生活を続けることになります。

　心得16で述べたように校則違反をするのは，単に「規範意識」が低いのでも「道徳心」が育っていないのでもありません。そうせざるを得ないのは思春期特有の誰もが通過する「目立ちたい」「自分を発揮したい」「認められたい」というまっとうな欲求があるからです。

　そうすると，納得のいかない校則，例えば頭髪や服装の規定ですが，これを守らせることを最優先する生徒指導では，「荒れた生徒」を変えることはもちろん「荒れた学校」を立て直すこともできません。

　ここではこれ以上，「荒れた生徒」の中に見てとれる思春期の本来の姿を述べることはできませんので，拙著『子どもが成長するということの真相』（民衆社）をお読みくだされば幸いです。

生徒指導主事は「思春期の理解」に努める。これは「荒れた生徒」への対応だけでなく，すべてのこの時期の子どもたちにどう対応するか，どう育てるかという「考え方」の視点を与えてくれる。

第6章　ちょっとした仕事術でワンランクアップ！

第6章
ちょっとした仕事術で
ワンランクアップ！

53 多様な視点から見る

 生徒の言動は，それを見た生徒の立場や教師の立場によってみな違う。違うがみなそれぞれ正しいことがほとんど。多様な視点から見たものを大切にする。

☑「山は見る角度によって形が異なるが…」

　イギリスの歴史家E・H・カーは，「山は見る角度によって形が異なるが，見る角度の数だけ山があるわけではなく，山は1つである」と言いましたが，子どもの言動を見る場合もそうです。

　起きている事実は1つなのに，見る角度つまり視点によって見え方が違ってきます。

　授業中に何か口実をつくってトイレや保健室に行き，実際には廊下をうろうろして，やがて同調者が増えると校内徘徊が起きます。荒れている学校では必ず起きている現象ですが，これをいくつかの視点で見てみます。

　徘徊する生徒の視点で見ると，例えば授業が理解できず耐えられないのかもしれません。

　それを見て同調する生徒の視点で見ると，必ずしも授業がわからないからという理由だけではなく，「オレだってやれるんだ」と強がる，教師はどうするのか試す，他の生徒の注目をあびたい，などという意味をもっています。

　また，一般の生徒の視点から見ると，徘徊する生徒を迷惑な生徒だと思う生徒もいれば，「今のオレにはできないが，オレもやりたい」と心の中で思っている生徒もいます。さらには，教師はどう対応するのだろうかと注目している生徒もいます。

教師の視点で見た場合もいくつかに分かれます。嫌な現実は見たくないという心理が働くと，現実を過小評価して「保健室に行くのは認めないわけにはいかない」「たまたま数人が同じ行動になっただけだ」と都合のいい理由を見つけて現実を直視できないかもしれません。

　一方で隣の教室で授業をしている教師の視点で見ると，「いったいあの先生は何を指導しているのだ」となるでしょう。

☑ 多様な視点をできるだけ活かした方針が一番良い！

　多様な角度から見た山はそれぞれが正しいのですから，つなぎ合わせると山の本当の全体像がわかります。

　同様に「徘徊」という現象も，生徒や教師のそれぞれの視点から見えたことを総合して「徘徊」の全体像を描き出します。

　そうしないと，効果的な良い方針はつくれないのです。

　例えば隣の教室の教師が抱いた，「いったいあの教師は何を指導しているのだ」という視点だけで方針をつくると，「あの教師は甘い」「あの教師は生徒指導ができない」となり厳しい指導を要求するだけです。

　徘徊する生徒を迷惑な生徒だと思っている生徒の視点だけでつくれば，心得31で述べた「外科的治療」に偏り，「許可書」をつくったり回数の制限を設けたりするなどの小手先の指導方法しか生まれません。

　したがって，ある１つの視点だけではなく，できるだけいくつかの視点を活かした方針を良い方針というのです。

　そのために私は，机に向かって鉛筆を握り，視点を書き出し，複数以上の視点を活かせる方針を書いては消す書いては消す，をよく繰り返しました。

心得53 生徒指導主事は，いろいろな教師の視点，いろいろな生徒の視点を総合して，できるだけ多くの視点を活かせる方針（方法）をつくるのが仕事。

第6章　ちょっとした仕事術でワンランクアップ！

第6章
ちょっとした仕事術で
ワンランクアップ！

54 私の1日の時間の使い方

 生徒指導部に所属したり，生徒指導主事になったりすると，自分の仕事に使う時間はかなり拘束される。時間の使い方は人それぞれであるが，いくつかのコツはある。

☑ 自分流の使い方が一番良い！

　私は教師生活の大半を荒れた学校の生徒指導部に所属し，さらにその中心にならなければいけなかったことと，40代半ばからは学年主任と担任も兼任していましたので，本当に忙しかったのは事実です。担任も57歳まで務め，部活動も正式の顧問として55歳までやっていましたから，土曜も日曜もほとんどありませんでした。

　他人の時間の使い方などは，人それぞれですからとてもすすめられませんが，他人の時間の使い方が気になるのも事実です。自分流の時間術でいいのですが，比較的こうするといいというものを紹介します。

　まず，その日の生徒指導はできるだけその日のうちに終わらせることです。
　私たち教師からすると明日でもいいと思っても，子どもからすれば不安な夜と明日からの登校が始まるのですから，その日のうちに解決ができなくても見通しを与えてやらなければいけません。

　また，生徒指導上の問題は重なってくると大変な労力が必要になりますから，その日のうちに終わらせるつもりでやることです。そのためには，校内のどの会議よりも優先させて取り組むという合意が校内に必要です。

　2つ目の時間術は，だらだらと細切れにやらないことです。例えば，学年主任としての修学旅行の全体計画の作成や，担任としての合唱コンクールの

計画を練ることなどは，平日帰宅して数時間かけて一気にまとめて考えます。

こうしないと平日の生徒指導に対応もできませんから，考える仕事は帰宅後にやり，学校では生徒指導と事務的な仕事に専念していました。

3つ目の時間術は，教科担当としての教材研究です。普段は土日の夜に自宅で1週間分を，夏休みや冬休みなどの長期の休みはじっくりと単元全体の教材の理解にあてたり，集中して関連書籍を読んだりしました。

☑ ストレスを溜めない

生徒指導部に所属する教師にとって，もう1つ大切なのはストレスとの闘いです。人は見通しのあることならば少々の忙しさには耐えられるものです。ストレスは未来が見えないと溜まるのです。そういう時はたいてい見通しがなくて迷っていることが多いものですから，一番いいのは常に見通しをもち取り組むことです。その見通しもベストを求めて迷ってはいけません。考えぬいた結果，たどりついて選択した方法ですから，その時のベストだと考え，あとは実行する決断力だけです。

ストレスを生む源は迷いで，迷いは決断力の欠如が原因です。

しかし，実際にはそううまくはいきませんから，生徒指導を忘れて気分転換をするというのもいい方法です。私の場合は，本が好きでジャンルも広いので，あえて生徒指導に無関係のものをよく読んでいました。さらに時代劇と漫画が好きでしたので気分転換になりました。私はテレビは40歳から，パソコンは56歳から，携帯は退職後から使用しましたから，帰宅後の自由な時間は人よりも多かったように思います。

生徒指導主事は，ストレスの溜まる仕事。ストレスの溜まる人は，なぜなのかを考えてみると良い。たいていは指導や方針に見通しをもてなくて迷っている時である。

第6章 ちょっとした仕事術でワンランクアップ！

第6章
ちょっとした仕事術で
ワンランクアップ！

55 書物からも学ぶ

CHECK 生徒指導主事は目の前の生徒たちとの格闘を通して，生徒指導を学んでいくのが基本である。しかし，経験だけでは限界があり，書物からも学ばなければいけない。

☑ 生徒指導「学」という学問はない

　例えば，歴史を教える教師は歴史学を学んできました。数学の教師は数学を学んできました。あまりに当然のことです。そして何をどう教えるかは教材研究の1つとして取り組みます。こうして「学習指導」が成立します。

　ところが，「生徒指導」という分野はそう簡単ではありません。なぜなら生徒指導「学」という明確な学問がないからです。歴史の教師は先人の歴史学と歴史教育の成果を拠り所にしますが，生徒指導はその拠り所とするものが明確ではないのです。

　例えば，ある1人の荒れた生徒を立ち直らせたいと思った時，私たちは通常どう考えるでしょうか。

　少し雑駁な分け方ですが，教師の指導力で決まると考えれば「教育学」の知見から学びます。もし，この生徒の心の中に原因があるのだと考えれば「心理学」，例えば「発達心理学」や「心理療法」の知見から学びます。しかし，心の中ではなく環境や社会や家庭に原因があると考えれば「社会学」，特に「教育社会学」や「犯罪社会学」から学ぶでしょう。

　現実の子どもの成長には，これらの全てが絡み合っているのですから，生徒指導は「教育学」「心理学」「社会学」などと深くつながっています。

　もし，生徒指導「学」という体系化された学問が存在するなら，私は「ど

んなに学びやすかったことか」と今思っています。
　しかも，一口に「心理学」と言っても，その扱う対象は広く，さらにそれぞれに流派が存在しますから，気が遠くなるくらいの努力が必要です。いつのまにか，私の本棚は「非行理論」や「心理学」「社会学」の本で埋め尽くされてしまいました。私の場合は幸いなことに，もともと学生時代から関心がありましたので，楽しみながら学んできましたが，もし関心の違う分野（例えば，自然科学系や芸術系）の教師が生徒指導主事になったら，「心理学」や「社会学」を学ぶ時間があるだろうかと同情してしまいます。

　最後に，生徒指導主事として幅を広げるために「これだけは読んでおきたい本」を紹介しておきます。
　もし，「心理学」に興味があれば『心と向き合う臨床心理学』（朝日新聞出版，和田秀樹）と『こころの底に見えたもの』（筑摩書房，なだいなだ）を入門書にしてください。犯罪や非行理論の入門書として『よくわかる犯罪社会学入門』（学陽書房，矢島正見など），今の子ども社会の特徴を鋭く分析した『友だち地獄―「空気を読む」世代のサバイバル』（筑摩書房，土井隆義），刺激的な書名ですが，生徒指導につきものの「反省」を考えるのに最適な『反省させると犯罪者になります』（新潮社，岡本茂樹）などをすすめます。
　本を読むコツは，納得のいく箇所には線を引き，自分なりのまとめの言葉を書き込みます。そして，「読み終えたことをいっさい忘れまいと思うのは，食べたものをいっさい，体内にとどめたいと願うようなもの」（ショーペンハウエル）という言葉を心に留めて読んでください。

心得55　生徒指導を書物から学ぶのは，なかなか難しい。それは生徒指導「学」という学問がなく，生徒指導は「教育学」「心理学」「社会学」などが重なっているからだ。

おわりに

　本書の「55の心得」を読み終えた方の中には，もしかすると「こんなにたくさん，とても自分には無理だ」と溜息が出た人もいるかもしれません。

　でも，心配ありません。私もこの「心得」を完璧にこなしてきたわけではありません。30年も生徒指導を務めてたどりついたものであって，若い時はこの半分も実践できていなかったのです。

　半分でもできれば生徒指導は前進していくはずです。子育てと同じです。完璧な父親と母親が，完璧な子育て論に基づいて完璧な環境の中で，子どもを育てることなどあろうはずがありません。貧しくて参考書もなく，酒ばかり飲んでいた父親であったが，ただ母親の愛情だけでまっとうに育ったなどという人は世の中にはたくさんいるでしょう。

　生徒指導主事の仕事で最も大切な仕事は，方針や実際の指導に関わる部分ですが，教育は100％正しい方針のもとで行われるものではありません。100％正しい方針や指導方法は存在しません。ある子には正しくても，別の子には正しいとは限らないからです。

　全国共通の正しい方針も指導方法もなく，どの子どもにも効果があるという方法もありませんから，この本を手にした先生は，自分の学校や学級のことは自分たちでつくる以外ないのです。

　私は本書で，方針や指導方法を自らつくるための「考え方」を「心得」として書きました。本書から１つでも２つでも学ぶことがあったら，今度はみなさん自身が，この「考え方」をつくり，方針をつくってみてください。そして実際の指導に活かしてください。

【著者紹介】

吉田　順（よしだ　じゅん）

1950年北海道別海町生まれ。37年間横浜市内の公立小中学校に勤務。担任32年，生徒指導部長16年，学年主任13年などを兼任。2011年定年退職。平成元年より「生徒指導」ネットワークを主宰し，「生徒指導コンサルタント」として全国の「荒れる学校」と関わる。「非行・問題行動」「荒れる学校」「学年・学級経営」などをテーマに全国各地で講演，個別の中学校の生徒指導方針づくり，教職員の教育相談，著述などの活動をしている。

主な著書は，『その手抜きが荒れをまねく─落ち着いているときにしておく生徒指導』『新版　生徒指導24の鉄則─指導に自信を深める「考え方」の原理・原則』『荒れには必ずルールがある─間違った生徒指導が荒れる学校をつくる』『いじめ指導24の鉄則─うまくいかない指導には「わけ」がある』（以上，学事出版），『子育て・生徒指導・学級経営に欠かせない　子どもが成長するということの真相』（民衆社），『誰でも成功する学級担任のための中学生の指導』『誰でも成功する　中学生の叱り方のキーポイント』（以上，学陽書房）など。

〈「生徒指導」ネットワーク連絡先〉
住所　〒236-0022　横浜市金沢区町屋町32-41（吉田）
Tel&Fax　045-701-2567
E-mail　24network@iron.biglobe.ne.jp

※学級経営や生徒指導に関する質問，悩みなどをお寄せください。必ず回答いたします。複雑な問題には直接電話などでも対応します。

実務が必ずうまくいく
生徒指導主事の仕事術　55の心得

2018年2月初版第1刷刊	©著　者	吉　　田　　　　順
2024年1月初版第7刷刊	発行者	藤　原　光　政

発行所　明治図書出版株式会社
　　　　http://www.meijitosho.co.jp
　　　　（企画・校正）小松由梨香
〒114-0023　東京都北区滝野川7-46-1
振替00160-5-151318　電話03(5907)6701
ご注文窓口　　　　　電話03(5907)6668

＊検印省略　　　組版所　長野印刷商工株式会社

本書の無断コピーは，著作権・出版権にふれます。ご注意ください。

Printed in Japan　　　ISBN978-4-18-171642-4

もれなくクーポンがもらえる！読者アンケートはこちらから　→

スクールリーダー・ミドルリーダー必見！

実務が必ずうまくいく
55の心得

実務で絶対役に立つ仕事術が満載。
この1冊があればもう安心です！

※全てA5判

教務主任の仕事術 55の心得

佐藤幸司　著

1,800円＋税　128頁
図書番号：0150

研究主任の仕事術 55の心得

藤本邦昭　著

1,760円＋税　132頁
図書番号：1745

中学校長の仕事術 55の心得

玉置　崇　著

1,800円＋税　144頁
図書番号：1967

体育主任の仕事術 55の心得

大前暁政　著

1,760円＋税　128頁
図書番号：1969

副校長・教頭の仕事術 55の心得

佐藤正寿　著

1,760円＋税　128頁
図書番号：1861

明治図書　携帯・スマートフォンからは　**明治図書ONLINEへ**　書籍の検索、注文ができます。▶▶▶

http://www.meijitosho.co.jp　＊併記4桁の図書番号（英数字）でHP、携帯での検索・注文が簡単に行えます。

〒114-0023　東京都北区滝野川7-46-1　ご注文窓口　TEL 03-5907-6668　FAX 050-3156-2790